OS DEGRAUS DA HUMILDADE
E DA SOBERBA

Dados Internacionais de Catalogação na Publicação (CIP)
(Câmara Brasileira do Livro, SP, Brasil)

Claraval, São Bernardo de
Os degraus da humildade e da soberba / São Bernardo de Claraval ; tradução e notas Frei Ary E. Pintarelli. – Petrópolis, RJ : Vozes, 2025.

Título original: De gradibus humilitatis et superbiae.
ISBN 978-85-326-7256-8

1. Cristianismo 2. Espiritualidade 3. Ética cristã 4. Humildade – Aspectos religiosos – Cristianismo I. Pintarelli, Ary E. II. Título.

25-278230 CDD-241.4

Índices para catálogo sistemático:
1. Humildade : Ética cristã : Cristianismo 241.4

Eliane de Freitas Leite – Bibliotecária – CRB-8/8415

OS DEGRAUS DA HUMILDADE E DA SOBERBA

SÃO BERNARDO
DE CLARAVAL

Tradução e notas de Frei Ary E. Pintarelli

EDITORA
VOZES
Petrópolis

Tradução do original em latim intitulado *De gradibus humilitatis et superbiae*

Rua Frei Luís, 100
25689-900 Petrópolis, RJ
www.vozes.com.br
Brasil

Diagramação: Sheilandre Desen. Gráfico
Revisão gráfica: Bianca V. Guedes
Capa: Érico Lebedenco
Ilustração de capa: De gradibus humilitatis et superbiae, ms 372, I, folio 100. Biblioteca Municipal de Douai

ISBN 978-85-326-6778-6

Este livro foi composto e impresso pela Editora Vozes Ltda.

Sumário

Prefácio

Irmão Godofredo[1], pediste-me que te expusesse, num tratado mais completo, aquelas coisas que eu havia tratado com os irmãos sobre os degraus da humildade. Porém, querendo satisfazer dignamente a este teu pedido – como era digno – e, temendo não conseguir terminá-lo, recordando o conselho do Evangelho (cf. Lc 14,28), confesso que não ousei começar senão depois de sentar-me para avaliar se minhas forças eram suficientes para levar a termo o compromisso.

Enfim, quando a caridade removeu esse temor de ver-me ridicularizado se não tivesse completado a obra, entrei em outro temor totalmente contrário, pelo qual comecei a temer mais o perigo que proviria da glória se tivesse levado o compromisso a bom termo, do que o medo do ridículo se não tivesse conseguido terminá-lo. Por isso, entre este temor e a

---

1. Godofredo de la Roche-Vanneau era primo de São Bernardo e foi um de seus primeiros companheiros em Claraval. Primeiro Abade de Fontenay em 1118, retornou a Claraval como prior – isto é, como primeiro coadjutor de São Bernardo – em 1126. Foi no período em que regeu a primeira colônia de Claraval, Fontenay, que, recordando os sermões que Bernardo fizera a seus companheiros nos inícios de Claraval, pediu que lhe pusesse por escrito aquilo que havia dito sobre a humildade, comentando o capítulo VII da *Regra* de São Bento. Assim, nasceu, cronologicamente o primeiro escrito de São Bernardo (1124-1125). Mais tarde, Godofredo tornou-se Bispo de Langres, de 1138-1163.

caridade, como que colocado numa encruzilhada, hesitei por muito tempo sobre qual dos caminhos deveria seguir; por um lado, temia que falando utilmente sobre a humildade, eu mesmo não fosse considerado humilde; por outro, calando humildemente, tornar-me-ia inútil.

Considerando que nem uma nem a outra das duas estradas era segura e, todavia, sendo obrigado a escolher uma delas, preferi confiar a ti o fruto dos meus sermões, se algum existe, do que refugiar-me sozinho no seguro porto do silêncio. Ao mesmo tempo, tendo a confiança de que, se por acaso puder dizer alguma coisa útil, com a ajuda de tuas preces não me ensoberbecerei; e se depois – coisa que considero mais provável – eu não escrever nada que seja digno de tua atenção, nada terei para me ensoberbecer.

Primeira parte

Os degraus da humildade

Capítulo I

Cristo é o caminho da humildade, pelo qual se chega à verdade

1. Portanto, proponho-me falar sobre os degraus da humildade que São Bento sugeriu não para serem enumerados, mas para subi-los[2]; então, primeiramente procurarei mostrar, se for capaz, aonde por meio deles deve-se chegar, para que, conhecendo o fruto que no fim se espera, a fadiga da subida seja menos pesada. Por isso, o Senhor nos coloca a fadiga do caminho, a recompensa do cansaço, quando diz: *Eu sou o caminho, a verdade e a vida* (Jo 14,6). Ele chama a humildade de caminho que conduz à verdade. Uma é a fadiga, a outra é o fruto da fadiga.

Como posso saber, dizes, que ali ele fala da humildade, quando diz tão indeterminadamente: *Eu sou o caminho*? Ouve o que é mais claro: *Aprendei de mim, que sou manso e humilde de coração* (Mt 11,29). Portanto, ele propõe a si mesmo como exemplo de

2. Cf. *Regra* de São Bento, capítulo VII. É, sem dúvida, o capítulo mais longo da Regra de São Bento, e mostra a humildade como uma escada, cujo símbolo é a escada de Jacó, que conduz ao amor de Deus.

humildade, como modelo de mansidão. Se o imitares, não andarás nas trevas, mas terás a luz da vida (cf. Jo 8,12). O que é a luz da vida senão a verdade que, iluminando todo o homem que vem a este mundo, indica-lhe onde está a verdadeira vida? Eis porque, depois de dizer: *Eu sou o caminho e a verdade,* acrescenta, *e a vida;* é como se dissesse: Eu sou o caminho que conduzo à verdade; eu sou a verdade que prometo a vida; eu sou a vida que vos dou. Pois diz: *Esta é a vida eterna, que conheçam a ti, verdadeiro Deus, e aquele que enviaste, Jesus Cristo* (Jo 17,3).

Ou ainda, é como se tu dissesses: Considero o caminho, isto é, a humildade; desejo o fruto, a verdade. Mas para que serve, se a fadiga da estrada é tanta que não posso conseguir o prêmio desejado? Ele te responderá: *Eu sou a vida,* isto é, o viático, pelo qual serás sustentado no caminho. Por isso, ele clama aos que erram e aos que ignoram o caminho: *Eu sou o caminho;* aos que duvidam e aos que não creem: *Eu sou a verdade;* aos que já sobem, mas cansados: *Eu sou a vida.*

Creio ter mostrado suficientemente que, partindo do citado capítulo do Evangelho, o fruto da humildade é o conhecimento da verdade. Mas ouve também este: *Graças te dou, Pai, Senhor do céu e da terra, porque escondeste estas coisas* – isto é, evidentemente, os segredos da verdade – *aos sábios e aos prudentes* – isto é, aos soberbos – *e as revelaste aos pequeninos* (Lc 10,21), isto é, aos humildes. E nisso aparece que a verdade, que é escondida aos soberbos, é revelada aos humildes.

2. Na verdade, esta pode ser a definição da humildade: A humildade é a virtude pela qual o homem se despreza porque

tem um perfeito conhecimento de si mesmo. Esta definição adapta-se àqueles que, tendo posto degraus de subida no seu coração, progridem de virtude em virtude, isto é, de degrau em degrau, até atingir o cume da humildade, na qual, como que postos em Sião, isto é, na contemplação, contemplam a verdade. *Com efeito*, diz o salmo, *o legislador dará a bênção* (Sl 83,8), porque quem deu a lei dará também a bênção, levará à verdade. Mas quem é este legislador senão o doce e reto Senhor, que deu a lei aos que se desviam no caminho? (cf. Sl 24,8). De fato, desviam-se no caminho aqueles que abandonam a verdade. Mas será que são abandonados também pelo doce Senhor? Portanto, a eles o doce e reto Senhor dá a lei como caminho da humildade, pelo qual voltam ao conhecimento da verdade. Dá-lhes a ocasião de recuperar a salvação, porque é doce; todavia, não sem a disciplina da lei, porque é reto. É doce porque não permite que pereçam; é reto porque não se esquece de punir.

Capítulo II

Por qual fruto sobem-se os degraus da humildade

Por isso, São Bento ordena esta lei, mediante a qual se retorna à verdade por doze degraus. Para que, assim como se chega a Cristo mediante os dez mandamentos de lei e a dupla circuncisão da mente e do coração – com a qual se completa o número doze –, da mesma forma, tendo subido esses doze degraus, chega-se à verdade. Que outra coisa significou para nós o fato de o Senhor ter aparecido no alto daquela escada que foi mostrada a Jacó como tipo da humildade (Cf. Gn 28,12-13), senão que no cume da humildade está o conhecimento da verdade? Sem dúvida, do alto da escada, o Senhor olhava sobre os filhos dos homens como a Verdade – cujos olhos, como não querem enganar, da mesma forma não souberam ter sido enganados – para ver se há alguém que conhece e busca a Deus. Ou não te parece que do alto clame e diga aos que o buscam? – pois Ele conhece bem os seus: *Vinde a mim todos os que me desejais e enchei-vos dos meus frutos* (Eclo 2,26). E ainda: *Vinde a mim todos os que estais fatigados e carregados, e eu vos aliviarei* (Mt 11,28).

Vinde, diz ele. Para onde? *A mim*, a verdade. Por qual caminho? Pela humildade. Com que fruto? Eu vos restaurarei. Mas qual é o restauro que a Verdade promete àqueles que sobem e dá àqueles que chegam? Não será a própria caridade? Na verdade, é a ela, como diz São Bento, que chegará o monge depois de ter subido todos os degraus da humildade[3].

4. A caridade é o alimento bom que, estando no centro do banquete de Salomão, alivia os que têm fome, alegra os convidados com o odor das diversas virtudes, como a fragrância de substâncias de diversos gêneros. Pois ali serve-se a paz, a paciência, a benignidade, a longanimidade, a alegria no Espírito Santo; e se houver outros frutos da verdade ou da sabedoria, ali serão servidos.

No mesmo banquete, a humildade tem seus pratos particulares, isto é, o pão da dor e o vinho da compunção, que a Verdade oferece primeiramente aos principiantes, aos quais se diz sobretudo: *Levantai-vos, depois que tiverdes repousado, vós que comeis o pão da dor* (Sl 126,2). Ali também a contemplação apresenta o sólido alimento da sabedoria tirado da flor do trigo, com o vinho que alegra o coração do homem, ao qual a Verdade convida os perfeitos, dizendo: *Comei, amigos, e bebei, e inebriai-vos, caríssimos* (Ct 5,1). Diz a Escritura: *A caridade foi posta ao centro para as filhas de Jerusalém* (Ct 3,10), isto é, para as almas imperfeitas que, enquanto ainda não podem nutrir-se

---

3. Cf. São Bento, *Regra*, Cap. VII, 27: "Subidos, pois, todos estes degraus da humildade, o monge logo chega à caridade que, tornando-se perfeita, afugenta todo o temor".

de alimento sólido, por ora, devem alimentar-se com o leite da caridade em lugar do pão e com o óleo em lugar do vinho.

Por isso, corretamente se diz que a caridade foi posta no meio, porque sua suavidade não está ao alcance dos principiantes, proibidos pelo temor; nem é suficiente para os perfeitos que já procuram a doçura mais abundante da contemplação. Estes ainda devem ser purificados com a amaríssima medicina do temor, dos malignos humores dos prazeres carnais, pois ainda não experimentaram a doçura do leite; aqueles, já separados da lei, alegram-se mais gloriosamente participando do banquete das primícias da glória: só aqueles que estão no meio, isto é, os principiantes, saboreiam algumas gotas do mel da caridade, para com elas, por ora, contentarem-se na sua delicadeza.

5. Portanto, o primeiro alimento é o da humildade, que purifica com a amargura; o segundo é o da caridade, que consola com a doçura; o terceiro é o da contemplação, que consolida com a fortaleza. Ai de mim, Senhor, Deus das virtudes, até quando irritar-te-ás sobre a oração do teu servo, alimentar-me-ás com o pão das lágrimas, dar-me-ás de beber no pranto? Quem me convidará, ao menos, ao banquete do meio e doce da caridade, onde os justos se banqueteiam na presença de Deus, alegram-se na alegria, para já não dizer a Deus, falando na amargura da minha alma: Não me condeneis, mas comendo nos ázimos da sinceridade e da verdade (cf. 1Cor 5,8), alegre possa cantar nos caminhos do Senhor, porque grande é a glória do Senhor (cf. Sl 137,5).

Todavia, o caminho da humildade é bom; nele busca-se a verdade, adquire-se a caridade, participa-se dos frutos da sabedoria. Enfim, como Cristo é o objetivo da lei, assim a perfeição da humildade é o conhecimento da verdade (cf. Rm 10,4). Quando veio, Cristo trouxe a graça: A verdade dá a caridade àqueles aos quais se revela; mas dá-se a conhecer aos humildes: *portanto, aos humildes dá a graça* (1Pd 5,5).

Capítulo III

Com que ordem os degraus da humildade conduzem ao proposto prêmio da verdade, e como, pela paixão, Cristo aprendeu a misericórdia

6. Expus, como pude, por qual fruto deve-se subir os degraus da humildade; agora, direi, como puder, por que ordem esses degraus conduzem ao proposto prêmio da verdade.

Já que também o próprio conhecimento da verdade acontece por três degraus, se for capaz, procurarei distingui-los brevemente, para que, assim, fique mais claro a qual desses três degraus da verdade corresponde o décimo segundo degrau da humildade. Com efeito, procuramos a verdade em nós, nos próximos e em sua própria natureza. Em nós, julgando a nós mesmos; nos próximos, participando de seus males; na sua natureza, contemplando-a com o coração puro. Como observas, o número respeita também a ordem. Em primeiro lugar, que a própria Verdade te ensine que antes de tudo deves buscar nos próximos do que na sua essência. Depois compreenderás por que deves procurá-la antes em ti mesmo do que nos próximos.

Ora, no seu sermão da montanha, ao enumerar as bem-aventuranças que elencou, o Senhor antepôs os misericordiosos aos puros de coração (cf. Mt 5,7-8). Na verdade, os misericordiosos facilmente dirigem seus afetos para eles e, assim, por amor, conformam-se a eles, de modo a sentir como próprios os bens ou os males deles. Adoecem com os doentes, ardem com quem sofre escândalos (cf. 2Cor 11,29). Estão habituados a alegrar-se com quem está alegre, a chorar com os que choram (cf. Rm 12,15). Assim, purificado o olhar do coração mediante esta caridade fraterna, alegram-se ao contemplar a verdade na sua essência, por cujo amor toleram os males dos outros. Porém, os que não se unem desse modo aos irmãos, mas, ao contrário, insultam os que choram ou difamam os que se alegram, como podem perceber a verdade nos seus próximos se, enquanto podem, não sentem em si os mesmos sentimentos que estão nos outros? Pois muito bem adapta-se a eles aquele provérbio popular: o sadio não sabe o que sente o doente, ou, o saciado, o que sofre quem está em jejum. E quanto mais próximo está um doente de outro doente, e um faminto de outro faminto, tanto mais familiar é a mútua compaixão. E assim, como a pura verdade não é vista senão por um coração puro, da mesma forma a miséria do irmão é mais verdadeiramente sentida por um coração aflito.

Mas, para que tenhas um coração sensível à miséria alheia, é necessário que conheças antes a tua própria miséria: para que encontres na tua alma os sentimentos do próximo e saibas por ti mesmo como socorrê-lo, isto é, pelo exemplo de nosso Salvador, que quis sofrer para saber compadecer-se; quis tornar-se miserável para aprender a ter misericórdia, para que, como dele está escrito: *Aprendeu a obediência pelas coisas que sofreu* (Hb 5,8) e, assim, aprendesse também a misericórdia. Não que antes não soubesse ter misericórdia – sua misericórdia se estende da eternidade até a eternidade –, mas aquilo que, por natureza, conhecia desde a eternidade, aprendeu-o por uma experiência temporal.

7. Mas, talvez, pareça-te difícil admitir o que eu disse, isto é, que Cristo, a sabedoria de Deus, tenha aprendido a ter misericórdia, como se aquele por meio do qual foram feitas todas as coisas, alguma vez ignorasse algo daquilo que existe, sobretudo se aquilo que tomei da Cartas aos Hebreus para comprovar minha opinião, puder ser entendido em outro sentido, que não parece absurdo; para que aquilo que é dito, *aprendeu,* de fato, poderia referir-se não à pessoa em sua cabeça, mas a seu corpo, que é a Igreja; e assim, o sentido seria este: *E aprendeu a obediência pelas coisas que sofreu,* isto é, aprendeu a obediência no seu corpo por aquilo que sofreu na cabeça. Pois aquela morte, aquela cruz, os insultos, as cusparadas, os flagelos que Cristo, nossa cabeça, sofreu, que outra coisa foi para seu corpo, que somos nós, senão outros maravilhosos exemplos de obediência. Pois Paulo diz: *Cristo fez-se obediente ao Pai até a morte* (Fl 2,8). Por que necessidade? Responde o Apóstolo Pedro: *Cristo sofreu por nós, deixando-vos o exemplo*

para que sigais suas pisadas (1Pd 2,21), isto é, para que imiteis sua obediência.

Por seus sofrimentos, portanto, nós, que somos simples homens, aprendemos quantas coisas devemos suportar pela obediência se, por ela, também aquele que era Deus não duvidou de morrer.

E desse modo, dizes, não será inconveniente afirmar que Cristo tenha aprendido a obediência ou a misericórdia ou alguma outra coisa no seu corpo, já que, todavia, não se pode afirmar ou crer que ele tenha aprendido no tempo e na sua pessoa algo que antes lhe tivesse sido desconhecido? De fato, é o mesmo aquele que ensina a ter misericórdia ou a obedecer e aquele que aprenderia tais coisas, porque a cabeça e o corpo são um só Cristo!

8. Não nego que esta interpretação seja correta, mas a interpretação precedente parece ser aprovada por uma outra passagem da mesma Carta, onde se diz: *Pois nunca assumiu os Anjos, mas sim a descendência de Abraão; por isso, teve de tornar-se semelhante aos irmãos para tornar-se misericordioso* (Hb 2,16-17). Penso que estas palavras devam referir-se à cabeça, já que, simplesmente, não podem ser aplicadas ao Corpo. Evidentemente, do Verbo de Deus é dito que *não assumiu os Anjos*, isto é, não os assumiu a si numa só pessoa, mas assumiu a descendência de Abraão. Pois não se lê que o Verbo se fez Anjo, mas que *o Verbo se fez carne* (Jo 1,14), e carne da carne de Abraão, segundo a promessa que, no princípio, foi feita a ele. *Por isso*, isto é, pela assunção desta descendência, *teve de, em tudo, tornar-se*

semelhante aos irmãos, isto é, foi oportuno e necessário que, sujeito ao sofrimento como nós, ele passasse por todos os gêneros das nossas misérias, excetuado o pecado.

Se perguntares por que necessidade, ele responde: *Para tornar-se misericordioso*. E isso, dizes, por que não pode referir-se corretamente ao corpo? Mas ouve o que segue logo depois: *Pelo fato de ele mesmo ter sofrido e ser tentado é que pode socorrer aqueles que são tentados* (Hb 2,18). Nessas palavras, não vejo como se poderia entender algo melhor, a não ser que assim quisesse sofrer e ser tentado em tudo, menos o pecado, e quis participar das misérias humanas – e isso significa tornar-se semelhante aos irmãos em tudo – para aprender, pela experiência, a misericórdia e a compaixão em relação àqueles que, de modo semelhante, sofrem e são tentados.

9. De fato, não digo que, por essa experiência, ele se tenha tornado mais sábio, mas mostrou-se mais próximo, para que os débeis filhos de Adão, que ele não recusou chamá-los e fazê-los seus irmãos (cf. Hb 2,11), não duvidassem de confiar-lhe suas misérias, ele que podia curá-las como Deus e, como próximo, queria e conhecia porque as havia sofrido. Por isso, Isaías, o chama de *homem das dores, experimentado na fraqueza* (Is 53,3); e o Apóstolo diz: *Não temos um Pontífice incapaz de compadecer-se de nossas enfermidades* (Hb 4,15)[4].

---

4. Seguindo ainda todos os autores de sua época, São Bernardo atribui a autoria da Carta aos Hebreus a São Paulo. Embora já os antigos Santos Padres – entre os quais Clemente de Alexandria e Orígenes – duvidassem de sua autenticidade; dúvida hoje transformada em opinião comum entre os exegetas, sem nada mudar em relação à canonicidade, definida pelo Concílio de Trento, na IV Sessão, de 8 de abril de 1546.

Na verdade, o Deus bendito, o bendito Filho de Deus, certamente, era impassível naquela natureza que lhe permitia não considerar uma usurpação julgar-se igual ao Pai, mas de aniquilar-se tomando a forma de servo (cf. Fl 2,6-7); assim, não havia experimentado a miséria ou a sujeição, não conhecia, por experiência, a misericórdia ou a obediência. Certamente, a conhecia por natureza, mas não a conhecia por experiência. Mas quando se abaixou, não somente abaixo de si mesmo, mas tornando-se também um pouco inferior aos Anjos – que também são impassíveis, mas por graça, não por natureza –, e abaixou-se até tomar a forma na qual pudesse sofrer e ser submisso – coisas que não teria podido, como dissemos, na sua própria natureza – foi então que experimentou a misericórdia na sua paixão e a obediência na sua sujeição. Todavia, por tal experiência, conforme disse, não cresceu nele a ciência, mas cresceu em nós a confiança, porque aquele do qual nos havíamos afastado pelo erro fez-se mais próximo de nós graças a um mísero gênero de conhecimento. Pois quando teríamos ousado aproximar-nos dele se ele permanecesse na sua impassibilidade? Agora, porém, por exortação do Apóstolo, somos admoestados a, com confiança, aproximar-nos do trono de sua graça (cf. Hb 4,16), ele que, como está escrito, certamente, *tomou sobre si as nossas fraquezas e carregou as nossas dores* (Is 53,4). E pelo fato de ele próprio ter sofrido, não duvidamos que possa ter compaixão de nós.

10. Portanto, não deve parecer-nos absurdo se dissermos que Cristo começou a saber algo que antes não sabia, pois uma

coisa é conhecer a misericórdia desde a eternidade na luz da divindade, outra é aprendê-la na própria carne. Veja, antes, se a expressão do Senhor não deve ser entendida de modo análogo, quando, aos discípulos que lhe perguntavam sobre o último dia, respondeu que não sabia. Ora, como não sabia aquele dia no qual *estão escondidos todos os tesouros da sabedoria e da ciência*? (Cl 2,3). Por que, então, negava saber aquilo que, certamente, não podia ignorar? Será que, talvez, com uma mentira, quis esconder aos discípulos aquilo que não era útil dar-lhes a conhecer? De modo algum.

Como nada podia ignorar, sendo ele a sabedoria, da mesma forma não podia mentir, sendo ele a verdade. Mas, querendo que os discípulos se abstivessem da curiosidade de uma pergunta inútil, negou saber o que pediam; contudo, não negou de modo absoluto, mas, de certo modo, isto é, de maneira a poder negar verdadeiramente. Pois embora, com o olhar de sua sabedoria, conhecesse todas as coisas, presentes, passadas e futuras, e ainda lhe fosse revelado aquele dia, todavia não o conhecera com algum sentido de seu corpo. Caso contrário, já teria matado o Anticristo com um sopro de seus lábios e, com os ouvidos do seu corpo, já teria ouvido a voz do Arcângelo a gritar e a corneta a soar, por cujo ruído os mortos devem ressurgir; e, com os olhos de sua carne, já teria visto as ovelhas e os bodes que ele devia separar uns dos outros.

11. Enfim, para que compreendas que ele mostrou ignorar aquele dia somente por aquele conhecimento que se obtém pela carne, respondendo intencionalmente não diz: *Eu não sei,*

mas diz: *Nem o próprio Filho do homem o sabe* (Mc 13,32)[5]. O que é o Filho do homem senão o nome da carne que ele havia assumido? De fato, com esse nome nos é dado compreender que, dizendo ignorar alguma coisa, ele não fala como Deus, mas como homem. Realmente, em outras passagens, falando de si segundo a sua divindade, não costumava definir-se Filho, ou Filho do homem, mas diz "eu" ou "a mim", como quando afirma: *Antes que Abraão fosse feito, eu sou* (Jo 8,58). Diz *Eu sou,* não o Filho do homem é. Não há dúvida de que aqui ele fala daquela essência pela qual ele é antes de Abraão, na qual não teve início, e não naquela da qual depois foi feito Abraão e sua descendência.

Em outro lugar, ainda, perguntando aos discípulos que opinião tinham os homens a respeito dele, disse: *Quem dizem os homens que é,* não eu, mas *o Filho do homem* (Mt 16,13). Interrogando-os novamente, quis saber o que eles próprios pensavam dele, e pergunta: *Mas vós, quem dizeis que eu sou* (Mt 16,15), e não "quem é o Filho do homem"? Isto é, quando pergunta pela opinião dos homens sobre sua pessoa carnal, ele é o Filho do

---

5. Neste ponto, São Bernardo recorre a uma *Retratação,* provavelmente após uma advertência de Abelardo. Diz São Bernardo: "Tendo citado, neste opúsculo, a passagem do Evangelho na qual o Senhor afirma não conhecer o dia do juízo final, e isso com o objetivo de sustentar e confirmar uma opinião minha, acrescentei sem perceber alguma coisa que, a seguir, constatei não estar contida no Evangelho. De fato, enquanto o texto diz somente: *Nem o Filho sabe...*, acrescentei, mais por distração do que por vontade de errar, certamente, infiel à letra, mas não ao Espírito: *Nem o próprio Filho do homem sabe.* Assim, partindo dali para estabelecer toda a demonstração que seguia, esforcei-me por provar uma afirmação verdadeira sobre uma citação inexata. Mas já que só percebi meu erro muito tempo depois, quando o livreto já fora publicado e quando ele já fora transcrito por muitos, não podendo reparar um erro em exemplares muitos difundidos, julguei necessário recorrer ao remédio de uma retratação".

homem; mas, quando interroga os discípulos espirituais sobre sua divindade, não disse o Filho do homem, mas claramente "eu". Por isso, Pedro mostrou ter compreendido o motivo pelo qual ele lhe havia dito *eu,* pela resposta, ao dizer: *Tu és,* não Jesus, Filho da Virgem, mas *o Cristo, Filho de Deus* (Mt 16,16). Aliás, se tivesse respondido que Jesus era filho da Virgem, certamente, teria dito a verdade; mas tendo sabiamente percebido o sentido de quem perguntava nas palavras da interrogação, respondeu, exata e corretamente, ao que foi perguntado, dizendo: *Tu és o Cristo, o Filho de Deus.*

12. Por isso, se admites que Cristo tem duas naturezas numa pessoa, uma que sempre foi, a outra que começou a existir; e segundo o seu eterno existir tenha sempre conhecido todas as coisas, enquanto segundo sua natureza temporal tenha experimentado muitas coisas no tempo, por que hesitas em confessar que ele começou a existir no tempo e na carne, e assim tenha começado a conhecer também as misérias da carne segundo o modo de conhecer que comporta a imperfeição da carne?

Os primeiros homens, certamente, teriam ignorado com mais sabedoria e felicidade esse gênero de ciência quando não podiam adquiri-lo senão de forma tola e miserável. Mas Deus, seu criador, buscando o que estava perdido, continuou compadecido de sua obra, descendo, misericordiosamente, ele mesmo onde eles miseravelmente haviam caído. Quis experimentar em si aquilo que eles, com justiça, sofriam por ter agido contra ele. Certamente, não por uma curiosidade semelhante, mas por uma admirável caridade: não para permanecer miserável com os míseros, mas para, feito misericordioso, libertar os miseráveis. Feito misericordioso, digo, não por aquela misericórdia que teve ao permanecer feliz desde a eternidade, mas mediante a miséria que encontrou na nossa natureza.

De fato, a obra de piedade que começou por aquela misericórdia, completou-a nesta: não que não pudesse completá-la só por aquela, mas porque, sem esta, aquela não teria sido suficiente para nós. Na verdade, ambas foram necessárias, mas esta foi mais adequada a nós. Ó inefável invenção da piedade! Quando teríamos nós pensado naquela admirável misericórdia que desconhece a miséria precedente? Como teríamos podido imaginar aquela compaixão a nós desconhecida, que não é precedida da paixão e que perdura na impassibilidade? Todavia, se a misericórdia que não conhece a miséria não tivesse precedido a esta, ele não teria se aproximado daquele que tem a miséria por mãe. Se não tivesse se aproximado, não nos atrairia; se não nos atraísse, não nos teria tirado para fora. Mas de onde nos tirou, senão do lago da miséria e do barro mais profundo? (cf. Sl 39,3). Todavia, não abandonou aquela misericórdia, mas a uniu a esta: não a mudou, mas a multiplicou, conforme está escrito: *Salvarás os homens e os animais, Senhor, como multiplicaste, ó Deus, a tua misericórdia* (Sl 35,7-8).

Capítulo IV

O primeiro degrau da verdade é, primeiramente, observar a si mesmo, ou reconhecer a própria miséria

13. Mas voltemos àquilo que nos havíamos proposto. Portanto, se o Senhor se fez miserável, ele que não era miserável, para poder experimentar aquilo que antes sabia, quanto mais tu, não digo que te faças o que não és, mas que reflitas o que és, porque, na verdade, és miserável, para poderes aprender a ter misericórdia, tu que não podes sabê-lo de outra forma; para que, talvez, se consideras o mal do próximo e não prestas atenção ao teu, não sejas movido para a misericórdia, mas para a indignação; não para ajudá-lo, mas para julgá-lo; enfim, não para edificá-lo com espírito de mansidão, mas para destruí-lo com espírito de furor: *Vós, que sois espirituais*, diz o Apóstolo, *admoestai-vos com espírito de mansidão* (Gl 6,1). É conselho do Apóstolo, ou também mandamento, que socorras o irmão doente com mansidão, isto é, com o espírito de irmão com o qual tu desejarias ser socorrido quando adoeceres. E para que

saibas como podes tornar-te manso diante do pecador, ele acrescenta: *Examinando cada um a si mesmo, para que também tu não caias na tentação* (Gl 6,1).

14. Apraz-me considerar quão bem o discípulo da Verdade segue a ordem do Mestre. Nas bem-aventuranças que recordei acima (cf. Cap. II, n. 6), em que os misericordiosos são nomeados antes dos puros de coração, da mesma forma, os mansos são nomeados antes dos misericordiosos. E o Apóstolo, quando exorta os espirituais a corrigir os carnais, acrescentou: *Em espírito de mansidão*. Na verdade, a instrução dos irmãos compete aos misericordiosos; mas o espírito de mansidão é próprio dos mansos. É como se dissesse: Não pode ser contado entre os misericordiosos quem não é manso em si mesmo.

Eis que o Apóstolo mostra claramente aquilo que antes eu havia prometido mostrar, isto é, que devemos procurar antes a verdade em nós mesmos do que nos próximos, dizendo: *Examinando a ti mesmo*, isto é, quanto é fácil ser tentado, quanto és inclinado a pecar, para que, pela consideração de ti mesmo, te tornes manso, para chegares a socorrer os outros com espírito de mansidão.

Mas se não ouves o discípulo que admoesta, teme, ao menos, o Mestre que censura: *Hipócrita, tira primeiro a trave do teu olho, e então poderás ver, para tirar o cisco do olho do teu irmão* (Mt 7,5). A trave, grande e grossa, no olho é a soberba na mente: ela tem uma certa corpulência cheia de si, não sadia; inchada de si, não sólida, obscurece o olho da mente, sombreia a verdade; de tal maneira que, se penetrar na tua mente, já não poderás ver a ti mesmo tal qual és, ou qual podes ser; mas tal qual queres ser ou qual julgas ser, ou que podes vir a ser. Ora, que outra coisa é a soberba senão o culto do próprio valor, como a define um certo santo[6]? Daí que também nós, ao contrário, podemos dizer que a humildade é o desprezo do próprio valor. Na verdade, o amor, como o ódio, ignora o juízo da verdade. Queres ouvir o juízo da Verdade? *Julgo segundo o que ouço* (Jo 5,30). Não segundo o que odeio, segundo o que amo, segundo o que temo. Existe o juízo do ódio, como este: *Nós temos uma lei e segundo a nossa lei, deve morrer* (Jo 19,7). Existe também o juízo do temor, como este: *Se o deixarmos proceder assim, virão os Romanos e destruirão a nossa cidade e a nossa nação* (Jo 11,48). Mas o juízo do amor é como aquele pronunciado por Davi em relação ao filho parricida: *Poupai o jovem Absalão* (2Sm 18,5). E é estabelecido pelas leis humanas que, nas controvérsias – sei ser observado tanto pelas leis eclesiásticas, como pelas leis seculares –, os amigos íntimos das partes em causa não devem ser admitidos ao juízo para não enganar, nem serem enganados por amor aos seus parentes. E então, se o amor que tens por um amigo diminui ou até esconde aos teus olhos a culpa dele, quanto mais o amor que tens por ti mesmo induzirá ao erro o teu juízo quando se trata de julgar-te.

15. Portanto, aquele que procura conhecer a verdade em si mesmo deve, depois de tirar do seu olho a trave da soberba, que priva o olho da luz, dispor no seu coração os degraus

6. Cf. Santo Agostinho, *O Gênesis literariamente*, livro 31, nn. 24-25.

da subida, mediante os quais busque a si em si mesmo e, assim, depois do décimo segundo degrau da humildade possa chegar ao primeiro degrau da verdade. Porém, quando tiver encontrado a verdade em si mesmo, e até, tendo encontrado a si na verdade, poderá dizer: *Acreditei e, por isso, falei, mas fui demasiadamente humilhado* (Sl 115,10). Suba o homem ao cume do coração, a fim de que a verdade seja exaltada e, tendo chegado ao segundo degrau, diga em seu êxtase: *Todo o homem é mentiroso* (Sl 115,11).

Julgas, talvez, que Davi não tenha seguido essa ordem? Julgas que o Profeta não tenha provado aquilo que sentiram o Senhor, o Apóstolo e aquilo que, depois deles, sentimos nós por eles? *Acreditei,* diz ele, na Verdade quando afirma: *Quem me segue não anda nas trevas* (Jo 8,12). Portanto, *acreditei* seguindo-a e, por isso, falei testemunhando-a. Testemunhando o que? Testemunhando a verdade que conheci acreditando. Mas, depois, também, acreditei para a justiça e falei para a salvação. E agora *sou humilhado demasiadamente,* isto é, sou humilhado perfeitamente. É como se dissesse: Porque conheci a verdade em mim e não me envergonhei de confessá-la contra mim, cheguei à perfeição da humildade.

Ora, pode-se entender *demais* no sentido de "perfeitamente", como diz o salmista na passagem: *Compraz-se demais em cumprir seus mandamentos* (Sl 111,1). Se alguém replicar, como sustentam alguns comentadores, que *demais* aqui está no lugar de *muito,* e não de perfeitamente, isso não discorda do sentido do Profeta e pode-se entender que ele tenha querido dizer: Também eu, quando ainda não conhecia a verdade, pensava ser alguma coisa, embora não fosse nada. Mas depois, crendo em Cristo, isto é, imitando sua humildade, conheci a verdade, e essa humildade foi exaltada em mim por minha confissão; mas *eu fui demasiadamente humilhado*, isto é, abaixei-me muito diante de mim pelo conhecimento de mim mesmo.

Capítulo V

O segundo degrau da verdade, pelo conhecimento da própria fraqueza, é compadecer-se da miséria do próximo

16. Portanto, humilhado, neste primeiro degrau da verdade, como diz em outro salmo: *E na tua verdade me humilhaste* (Sl 118,75), o Profeta examinará a si mesmo e se dará conta da miséria universal meditando sobre a própria miséria; assim, subirá ao segundo degrau da humildade e no seu êxtase diz: *Todo o homem é mentiroso* (Sl 115,11).

Em que êxtase? Sem dúvida, aquele no qual elevando-se a si mesmo e aderindo à verdade, julga a si mesmo. Portanto, naquele seu êxtase diz, não com indignação ou insulto, mas com misericórdia e compaixão: *Todo o homem é mentiroso.* O que significa: *Todo o homem é mentiroso?* Significa que todo o homem é fraco, todo o homem é miserável e impotente, que nem a si nem aos outros pode salvar. Como se diz: *O cavalo engana quem dele espera a salvação* (Sl 32,17), não porque o cavalo engane o homem, mas porque engana-se a si mesmo quem confia na força do cavalo: assim, todo o homem é chamado de mentiroso, isto é, frágil, mutável, de quem não se pode esperar nem a sua nem a salvação do outro. Antes, quem põe sua esperança no homem incorre na maldição (cf. Jr 17,5). Por isso, o Profeta, avançando humildemente sob a guia da verdade, vendo nos outros a miséria que chorava em si, enquanto cresce na ciência, cresce também na dor e, generalizando, com a verdade diz: *Todo o homem é mentiroso.*

17. Observa quão diferente é a opinião que aquele soberbo fariseu tem de si mesmo. O que concluiu não seu êxtase? *Graças te dou, ó Deus, porque não sou como os outros homens* (Lc 18,11). Enquanto, individualmente, exulta em si mesmo, arrogantemente insulta os outros. Davi comporta-se bem diversamente. De fato, diz: *Todo o homem é mentiroso*[7]. A ninguém exclui, para a ninguém enganar: sabendo que todos pecaram e que todos necessitam da glória de Deus (cf. Rm 3,23). O fariseu engana só a si mesmo quando, excluindo só a si, condena todos os outros. O Profeta não se exclui da miséria comum, para não ser excluído da misericórdia: o fariseu exorciza a misericórdia enquanto dissimula a miséria. O Profeta afirma, tanto dos outros como de si: *Todo o homem é mentiroso.* O fariseu confirma de todos, excetuando a si, dizendo: *Não sou como os outros homens.* E dá graças a Deus não porque é bom, mas porque está só: não agradece pelos bens que tem, mas pelos males que descobre

7. São Bernardo ainda atribui a autoria dos Salmos a Davi. A exegese, hoje, considera que muitos salmos não são de Davi, pois foram compostos em épocas diferentes. Isso, porém, não afeta a canonicidade de nenhum dos Salmos, definida pelo Concílio de Trento.

nos outros. Ainda não tirara a trave do seu olho e já enumera os ciscos nos olhos dos irmãos. Pois acrescenta: *Injustos, ladrões* (Lc 18,11).

Não creio ter-me, inutilmente, afastado do propósito que me havia proposto, se consegui fazer-te compreender a diferença que existe entre o êxtase do Profeta e o do fariseu.

18. Mas devemos voltar ao nosso assunto. Por isso, para aqueles que a verdade já se tornou conhecida e que, por isso, os fez envilecer, é necessário que se torne amargo tudo o que costumava amargá-los. Porque, olhando-se com sinceridade, obrigam-se a ver-se tais quais envergonham-se de ver a si mesmos. E enquanto desagrada-lhes aquilo que são e suspiram por aquilo que não são, ao qual, certamente, não esperam chegar por si e choram amargamente, tornados juízes de si mesmo, tanto mais severos quanto mais fome e sede de justiça têm por amor à verdade e encontram a única consolação ao exigir de si a satisfação mais rigorosa e ainda a verdadeira emenda até o desprezo de si mesmo. Mas, reconhecendo que não podem ser suficientes por si mesmos – pois, tendo feito tudo aquilo que lhes foi mandado, ainda consideram-se servos inúteis (cf. Lc 17,10), fogem da justiça para a misericórdia. E para consegui-la, seguem o conselho a Verdade, que diz: *Bem-aventurados os misericordiosos, porque alcançarão misericórdia* (Mt 5,7). E este é o segundo degrau da verdade, mediante o qual buscam a verdade nos próximos; enquanto adivinham as necessidades dos outros, partindo de sua própria necessidade, por seus sofrimentos aprendem a compadecer-se daqueles que sofrem.

Capítulo VI

O terceiro degrau da verdade é limpar o olho do coração para contemplar as coisas celestes e divinas

19. Portanto, se perseverarem nessas três coisas das quais falamos, isto é, no pranto da penitência, no desejo da justiça e nas obras de misericórdia, purificam a força do coração pelos três impedimentos que puderam contrair pela ignorância, pela fraqueza ou pela fadiga, e chegarão, através da contemplação, ao terceiro degrau da verdade.

Estes são os caminhos que parecem bons aos homens, excetuando-se aqueles que *se alegram por ter cometido o mal e exultam nas coisas iníquas* (Pr 2,14), ou refugiam-se na fraqueza ou na ignorância para escusar-se de seus pecados (cf. Sl 140,4). Mas em vão buscam ser absolvidos de sua fraqueza ou de sua ignorância se, para pecar mais livremente, de boa vontade ignoram ou se enfraquecem. Pensas que ao primeiro homem adiantou – embora ele não tenha pecado livremente – defender-se com a desculpa da mulher como se fosse fraqueza da carne? (cf. Gn 3,12). Ou os que apedrejaram os primeiros mártires, pensas que foram desculpados por ignorância porque taparam os ouvidos? (cf. At 7,57).

Por isso, aqueles que pelo desejo e pelo amor de pecar sentem-se estranhos à verdade e oprimidos pela fraqueza e pela ignorância, convertem o desejo em gemido, o amor em dor, vencem a fraqueza da carne pelo fervor da justiça, repelem a ignorância pela bondade. Se agora ignoram a verdade, pobre, nua e doente, devem reconhecê-la depois, demasiadamente tarde, com vergonha (cf. Lc 14,9), quando virá com grande poder e força e, incutindo terror e censura, respondem com tremor: *Quando te vimos necessitado e não te assistimos?* (Mt 25,44). Certamente, então conhecerão o Senhor fazendo justiça (cf. Sl 9,17) aqueles que agora o ignoraram buscando misericórdia. Enfim, verão aquele que transpassaram (cf. Jo 19,37); como os avaros conhecerão aquele que desprezaram. De toda a mancha contraída pela fraqueza, ignorância ou desejo, o olho do coração purifica-se, chorando, tendo fome de justiça, cumprindo as obras de misericórdia e a ele a Verdade promete manifestar-se na pureza de si: *Bem-aventurados os puros de coração, porque verão a Deus* (Mt 5,8).

Por isso, sendo esses os três degraus ou estados da verdade, subimos ao primeiro pela mortificação da humildade, ao segundo, pelo afeto da compaixão, ao terceiro, pelo êxtase da contemplação. No primeiro, encontra-se a verdade severa;

no segundo, a piedosa; no terceiro, a pura. Para o primeiro, guia-nos a razão, pela qual examinamos a nós mesmos; para o segundo, conduz-nos o afeto que nos faz compadecer-nos dos outros; para o terceiro, arrebata-nos a pureza, pela qual nos elevamos para as coisas que não se veem.

Capítulo VII

Como a santa Trindade opera em nós estes três degraus a verdade

20. Aqui, parece-me entrever uma espécie de maravilhosa operação dividida entre as três pessoas da indivisível Trindade; todavia, se, de algum modo, o homem, que está sentado nas trevas, puder perceber essa inefável distinção das pessoas que cooperam. Parece-me que no primeiro degrau opera o Filho; no segundo, o Espírito Santo; no terceiro, o Pai.

Queres ouvir a operação do Filho? Diz: *Se eu, pois, Senhor e Mestre, vos lavei os pés, também vós deveis lavar os pés uns dos outros* (Jo 13,14). O Mestre da verdade entregava aos discípulos o modelo da humildade, pelo qual, primeiramente, fazia-se conhecer a verdade no primeiro degrau. Ouve também a ação do Espírito Santo: *A caridade de Deus foi derramada em nossos corações pelo Espírito Santo que nos foi dado* (Rm 5,5). Na verdade, a caridade é um dom do Espírito Santo, pelo qual se faz que, sob a disciplina do Filho, pela humildade já cheguem ao primeiro degrau da verdade, pela compaixão para com o próximo cheguem ao segundo mediante o magistério do Espírito Santo. Ouve também o que é dito do Pai: *Bem-aventurado és tu, Simão, filho de Jonas, porque não foi a carne e o sangue que te revelaram isso, mas meu Pai que está nos céus* (Mt 16,17), e também, *o Pai fará conhecer aos filhos a tua verdade* (Is 38,19); e ainda: *Graças te dou, Pai, Senhor do céu e da terra, porque escondeste estas coisas aos sábios e prudentes e as revelaste aos pequeninos* (Mt 11,25). Vês, pois, que aqueles aos quais a palavra e o exemplo do Filho antes humilharam, e sobre os quais depois o Espírito Santo derramou a caridade, esses, enfim, são recebidos na glória do Pai? O Filho forma os discípulos, o Paráclito consola os amigos, o Pai exalta os filhos. Porque, na verdade, não só o Filho, mas também o Pai e o Espírito Santo são, verdadeiramente, chamados Verdade, pois, mantida a propriedade das pessoas, estas três pessoas operam em três degraus. Isto é, no primeiro, a Verdade instrui como mestre; no segundo, consola como amigo e irmão; no terceiro, como um pai, abraça seus filhos.

21. Eis, pois, que o Filho de Deus, isto é, o Verbo e Sabedoria do Pai, primeiramente, encontra aquele poder de nossa alma que se chama razão, oprimida pela carne, prisioneira do pecado, cega pela ignorância, entregue às coisas exteriores. Então, erguendo-a com bondade, sustentando-a com vigor, instruindo-a com a prudência, induzindo-a a retirar-se em si mesma e servindo-se, admiravelmente, dela como sua vigária, estabeleceu-a como seu juiz, de modo que, por reverência ao Verbo ao qual se une, ela exerça contra si a tarefa da Verdade, isto é, de ser acusadora de si mesma, testemunha e juiz. Dessa primeira união do Verbo e da razão, nasce a humildade.

O Espírito Santo, visitando com dignidade a outra faculdade do homem, que se chama vontade, na verdade, infectada pelo veneno da carne e já sacudida pela razão, purifica-a docemente, torna-a ardente, a faz misericordiosa: de modo que, à maneira de uma pele ungida que se estende, também ela, banhada pela unção celeste, se dilate até o amor pelos inimigos. E assim, desta segunda união do Espírito de Deus e da vontade humana, produz-se a caridade.

Na verdade, ambas as faculdades, isto é, a razão e a vontade, uma é instruída pela palavra da verdade, a outra é inspirada pelo Espírito da verdade; aquela é aspergida com o hissopo da humildade, esta é acesa com o fogo da caridade. Todavia, a alma torna-se perfeita por causa da humildade sem mancha e por causa da caridade sem ruga; pois a vontade não repugna à razão, nem a razão esconde a verdade, e o Pai a une a si como esposa gloriosa; de maneira que não permite que a razão pense em si, nem a vontade no próximo, mas que essa feliz alma se alegre em dizer unicamente: *O rei introduziu-me nos seus aposentos* (Ct 1,3). Certamente, tornou-se digna, pois veio da escola da humildade, na qual, sob o magistério do Filho, primeiramente, aprendeu a entrar em si mesmo, segundo a ameaça que lhe havia sido feita: *Se tu não te conheces, sai e apascenta os teus cabritos* (Ct 1,7); portanto, digna de, sob a guia do Espírito Santo e do amor, passar daquela escola da humildade para os aposentos da caridade – pelos quais devemos, sobretudo, entender os corações dos próximos, onde, coberta de flores e cheia de frutos, isto é, de bons costumes e de santas virtudes é, enfim, admitida aos aposentos do rei, por cujo amor desfalece.

Ali, depois que, por um pouco, no céu se fez silêncio, isto é, por quase meia hora (cf. Ap 8,1), descansando suavemente entre os desejados abraços da verdade, ela dorme, mas seu coração está vigilante, com o qual, realmente, busca penetrar nos segredos da verdade: de cuja memória nutrir-se-á logo que voltar a si. Ali, verá coisas invisíveis, ouvirá coisas inefáveis que, ao homem, não é permitido proferir. De fato, superam toda aquela ciência que uma noite comunica à noite (cf. Sl 18,3): o dia, porém, passa a palavra a outro dia e entre os sábios é permitido falar de ciência e entre os espirituais, falar de coisas espirituais.

Capítulo VIII

Estes mesmos degraus são mostrados no êxtase de São Paulo

22. Pensas que Paulo não tenha passado por estes degraus, ele que dizia ter sido arrebatado ao terceiro céu? (cf. 2Cor 12,2). Mas por que diz ter sido arrebatado e não, antes, conduzido? Evidentemente, se tão grande Apóstolo diz ter sido arrebatado para onde não podia aprender a ir, nem ser conduzido, com muito maior razão eu que, sem dúvida, sou menor do que Paulo, presumirei poder chegar com minhas forças, ou por algum esforço, e assim, não confiei nas minhas forças, nem desanimei diante do cansaço. Pois aquele que aprende ou é conduzido, pelo próprio fato de ser ensinado ou conduzido, é convencido a trabalhar e faz algo por si mesmo para chegar ao lugar ou ao conhecimento desejado, de modo a poder dizer: *Não eu, porém, a graça de Deus que está em mim* (1Cor 15,10). Mas, quem é arrebatado, é levado para qualquer direção não por suas forças, mas como um inconsciente carregado por outro. E não pode gloriar-se de si mesmo, nem no todo, nem em parte, numa ação na qual não faz nada, nem sozinho, nem com a ajuda de outro.

Por isso, o Apóstolo pôde subir ao primeiro céu, ou ao segundo, conduzido ou ajudado: mas, para chegar ao terceiro, foi-lhe necessário ser arrebatado. Pois lê-se que o Filho desceu para ajudar-nos a subir ao primeiro céu e que o Espírito Santo foi enviado para conduzir-nos ao segundo. O Pai, porém, embora coopere sempre com o Filho e o Espírito Santo, todavia, nunca desceu do céu ou se leia que tenha sido enviado à terra. Dele, certamente, leio que *a terra está cheia da misericórdia do Senhor* (Sl 32,5) e *os céus e a terra estão cheios de sua glória* (Is 6,3) e muitas afirmações semelhantes. A respeito do Filho também leio: *Quando chegou a plenitude dos tempos, Deus enviou seu Filho* (Gl 4,4). E o próprio Filho diz de si: *O Espírito do Senhor me enviou* (Is 61,1). E pelo mesmo profeta diz: *E agora o Senhor Deus me enviou com seu espírito* (Is 48,16). Leio também do Espírito Santo: *O Paráclito, porém, o Espírito Santo que o Pai enviará em meu nome* (Jo 14,26); e *quando eu for elevando, vo-lo enviarei* (Jo 16,7), ou haverá alguma dúvida que de se refere ao Espírito Santo. O Pai, pessoalmente, porém, embora nunca esteja ausente, nunca o encontro a não ser no céu, segundo palavras do Evangelho: *E meu Pai que está nos céus* (Mt 16,17; 23,9); ou na oração: *Pai nosso que estás no céu* (Mt 6,9).

23. Disso, certamente, concluo que, porque o Pai não desceu do céu, o Apóstolo, para contemplá-lo, foi arrebatado ao terceiro céu, onde certamente não podia subir, mas onde recorda ter sido arrebatado. Enfim: *Ninguém subiu ao céu senão aquele que desceu do céu, o Filho do homem* (Jo 3,13). E para não pensares que se trata do primeiro ou do segundo céu,

Davi te diz: *Sua saída é do mais alto dos céus* (Sl 18,7). Para isso, novamente, não foi logo arrebatado, nem furtivamente levado, mas diz: *À vista deles,* isto é, dos Apóstolos, *foi elevado* (At 1,9). Não como Elias, que teve uma só testemunha (cf. 2Rs 2); não como Paulo, que não teve nenhuma testemunha – pois Paulo mal pôde apelar para seu próprio testemunho ou juízo, declarando ele próprio: *Eu não sei, Deus o sabe* (2Cor 12,2) – mas, como o Onipotente que, quando quis desceu, e quando quis subiu, escolhendo, precedentemente, a sua vontade, as testemunhas e os espectadores, o lugar e o tempo, o dia e a hora, *à vista deles,* isto é, daqueles aos quais quis dar a graça de tamanha visão, *elevou-se* (At 1,9). Paulo foi arrebatado, Elias foi arrebatado, Henoc foi transportado ao paraíso (cf. Eclo 44,16); mas o nosso Redentor, lê-se, *elevou-se,* isto é, elevou-se por si mesmo, sem a ajuda de ninguém. Enfim, não tomou um carro como veículo, não foi socorrido por anjos, mas sustentado apenas por seu poder, *uma nuvem o ocultou a seu olhos* (At 1,9). Por que uma nuvem? Para ajudá-lo, pois estava cansado? Ou para impeli-lo porque era preguiçoso, ou para sustentá-lo porque caía? De modo algum. Mas a nuvem o recebeu para ocultá-lo aos olhos carnais dos discípulos que, embora tenham conhecido a Cristo segundo a carne, de agora em diante já não o conheceriam assim. Portanto, aqueles que o Filho chama por meio da humildade ao primeiro céu, o Espírito os une no segundo mediante a caridade, e o Pai os exalta no terceiro mediante a contemplação. No primeiro céu, são verdadeiramente humilhados e dizem: *Na tua verdade me humilhaste* (Sl 118,75); no segundo, alegram-se juntos na alegria da verdade e cantam: *Ó quão bom e suave é viverem os irmãos em união* (Sl 132,1); sobre a caridade, porém, está escrito: *Alegra-se com a verdade* (1Cor 13,6); no terceiro, são arrebatados aos segredos da verdade e dizem: *O meu segredo para mim, o meu segredo para mim* (Is 24,16).

Capítulo IX

Gemidos e suspiros de São Bernardo, que deseja a verdade

24. Mas o que digo eu, miserável, que percorro estes dois céus mais altos com uma loquacidade superficial e não com a vivacidade do espírito, eu que ainda me arrasto com as mãos e com os pés e sofro sob o céu mais baixo? Todavia, exatamente por isso, com a ajuda de Deus, que me chama lá em cima, ergui para mim uma escada para o céu (cf. Gn 28,12-23). Na verdade, ali está o caminho pelo qual ser-me-á mostrada a salvação de Deus. Meu olhar já se elevou ao Senhor, que está sentado no alto; já exulto de alegria à voz da Verdade! Ele me chamou e eu lhe respondi: *Estenderás a tua mão direita para a obra de tuas mãos* (Jo 14,15). Na verdade, tu, Senhor, contas os meus passos; mas eu subo lentamente, sou um viajante cansado, busco saídas. Ai de mim, se as trevas me surpreenderem, ou se minha fuga acontecer no inverno, ou em dia de sábado (cf. Mt 24,20); enquanto descuido de caminhar para a luz, agora que é um tempo favorável e o dia da salvação. Por que demoro? Ora por mim, filho,

irmão, companheiro e meu perfeito participante no Senhor, se existir algum. Pede ao onipotente que revigore meu pé preguiçoso, mas de maneira que não se torne para mim o pé da soberba. Pois, embora um pé preguiçoso não seja adequado para subir os degraus da verdade, todavia é mais tolerável do que este pé que não pode manter-se onde está, como está escrito: *Foram expulsos e não puderam se levantar* (Sl 35,13).

25. E isso quanto aos soberbos. Mas o que dizer de sua cabeça? O que dizer daquele que é chamado *rei sobre todos os filhos da soberba*? (Jó 41,25). *E ele*, está escrito, *não permaneceu na verdade* (Jo 8,44). E dele também lemos: *Eu via satanás cair do céu* (Lc 10,18). Por que caía, senão por causa do orgulho? Ai de mim, se me vir aquele que, de longe, conhece os orgulhosos (cf. Sl 137,6) e lançar contra mim aquela terrível palavra: Na verdade, também tu eras filho do Excelso, mas morrerás como homem e cairás como um príncipe qualquer (cf. Sl 81,6-7). Quem não tremeria de medo diante dessa voz tonitruante?

Quanto foi salutar a Jacó que, ao toque do anjo, secou-lhe o nervo da coxa (cf. Gn 32,25), mais do que ao anjo soberbo que inchou, desvaneceu, ruiu. Oxalá que o anjo toque também o meu nervo e o seque, se acaso, dessa enfermidade, eu começar a progredir, pois, com minha saúde, não posso senão definhar. De fato, leio: *O que é loucura em Deus, é mais forte do que os homens* (1Cor 1,25). Assim, também o Apóstolo, lamentando-se de seu nervo, que não foi tocado pelo anjo do Senhor, mas por satanás, ouviu a resposta: *Basta-te a minha graça, pois é na fraqueza que a virtude se torna perfeita*. E o próprio Apóstolo respondeu: *De boa vontade gloriar-me-ei das minhas fraquezas, para que habite em mim o poder de Cristo* (2Cor 12,9). Talvez ainda não compreendas de que virtude ele fala especificamente, porque Cristo tinha todas as virtudes. Mas, embora tivesse todas as virtudes, existe uma, isto é, a humildade, que, tendo-a em si, no-la recomendou quando disse: *Aprendei de mim, porque sou manso e humilde de coração* (Mt 11,29).

26. Por isso, também eu, Senhor Jesus, de boa vontade gloriar-me-ei, se puder, na minha fraqueza, na contração do meu nervo, para que a tua força, isto é, a humildade, se torne perfeita em mim. Pois basta-me a tua graça quando faltar a minha força. Pondo adiante o pé da graça e retirando aos poucos o meu pé, que é fraco, com segurança subirei a escada da humildade, até que, aderindo à verdade, possa passar para a largura da caridade. Então, cantarei em ação de graças e direi: *Puseste os meus pés em lugar espaçoso* (Sl 30,9).

É assim que, prudentemente, caminha-se pela estrada estreita; é assim que, com mais segurança, sobe-se pela árdua escada; é assim que, de modo maravilhoso, embora lentamente, mas com maior firmeza, tropeçando, sobe-se para a verdade. Mas ai de mim, *porque prolongou-se o meu desterro* (Sl 119,5). *Quem me dará asas como de pomba* (Sl 54,7), com as quais voarei mais rapidamente para a verdade e, enfim, poderei descansar na caridade? Mas, já que me faltam as asas, *guia-me, Senhor, pelo teu caminho e andarei na tua verdade* (Sl 85,11), e a verdade libertar-me-á.

Porém, ai de mim, que me afastei da verdade! Pois, se antes não tivesse começado a descer, primeiro lentamente, depois sem razão, agora não sofreria tão pesadamente para subir. Mas o que digo: Eu desci? Não deveria dizer mais corretamente: Caí? A não ser porque, talvez, ninguém atinge o ponto mais alto senão subindo degrau por degrau; da mesma forma, ninguém se torna péssimo de repente, mas descendo devagarzinho. Caso contrário, que significado teriam as palavras: *Em todos os seus dias o ímpio se ensoberbece* (Jó 15,20). Enfim, *existem caminhos que parecem bons para os homens* (Pr 16,25) e, todavia, levam ao mal.

27. Portanto, existe um caminho para descer. Uma estrada leva ao bem e uma leva ao mal. Evita a má e escolhe a boa. Se não fores capaz de fazer isso sozinho, ora com o profeta e dize: *Afasta de mim o caminho da iniquidade* (Sl 118,29). De que maneira? *Tem piedade de mim segundo a tua lei* (Sl 118,29), isto é, por aquela lei que deste àqueles que se desviaram do caminho, isto é, aos que abandonaram a verdade, um dos quais sou eu, porque, verdadeiramente, caí da verdade.

Mas quem cai não terá, talvez, a possibilidade de ressurgir? Por isso, *escolhi o caminho da verdade*, pelo qual subirei humilhado de onde desci pela soberba. Subirei, repito, e cantarei: *Senhor, é bom para mim que me humilhaste; para mim vale mais a lei que saiu de tua boca do que milhões de ouro e prata* (Sl 118,71-72).

Parece que Davi te propôs dois caminhos, mas sabes que existe um só; ele, porém, tem nome diferente se o considerarmos em sentido inverso: ou é a estrada da iniquidade para aqueles que descem, ou a estrada da verdade para aqueles que sobem: porque os mesmos degraus servem para aqueles que sobem ao trono e para aqueles que descem; é a mesma estrada para os que sobem à cidade e para os que se afastam dela; há uma porta para os que entram na casa e a mesma porta para os que saem dela. Enfim, pela única escada subiam os anjos que apareceram a Jacó e os que desciam (cf. Gn 28,12).

A que se referem estas coisas? Para que, se desejas voltar para a verdade, não seja necessário buscar uma nova estrada que não conheceste, mas tomes a conhecida pela qual desceste: de modo que, seguindo as pegadas dos teus passos, subas humilhado os mesmos degraus pelos quais ensoberbecido desceste. Dessa forma, o duodécimo degrau da soberba pelo qual desceste, seja o primeiro degrau da humildade na subida; o undécimo será o segundo; o décimo, o terceiro; o nono, o quarto; o oitavo, o quinto; o sétimo, o sexto; o sexto, o sétimo; o quinto, o oitavo; o quarto, o nono; o terceiro, o décimo; o segundo, o undécimo; o primeiro, o duodécimo. Tendo encontrado em ti os degraus da soberba e até tendo-os reconhecido, já não te afanarás buscando a estrada da humildade.

Segunda parte

Os doze degraus da soberba

Capítulo X

O primeiro degrau da soberba, que é a curiosidade

28. Por isso, o primeiro degrau da soberba é a curiosidade. Mas podes percebê-la pelos seguintes indícios. Se vires um monge no qual antes confiavas e que, onde quer que esteja, caminhe ou siga, volte os olhos ao redor, mantenha a cabeça erguida, tenha os ouvidos atentos, pelos movimentos interiores do homem poderás reconhecer que o interior mudou. Afinal, *o homem perverso faz sinais com os olhos, bate com os pés, fala com os dedos* (Pr 6,12-13); e, com este inusitado movimento do corpo, descobre-se a incipiente doença da alma, pois, enquanto a negligência de si mesmo entorpece o cuidado de si, torna-a curiosa em relação aos outros.

De fato, porque não conhece a si mesma, a alma volta-se para fora para apascentar os cabritos (cf. Ct 1,7). Na verdade, estes cabritos, que significam o pecado, como corretamente chamaria os olhos e os ouvidos, porque como a morte entrou no mundo pelo pecado, assim ela entra na alma através dessas janelas. Portanto, o curioso ocupa-se em apascentá-los, enquanto não se preocupa em saber qual seja o seu estado interior.

Se tu, ó homem, olhas para ti mesmo com vigilância, é bastante admirável se te interessares por qualquer outra coisa. Ouve, curioso, a Salomão; ouve, tolo, o Sábio[8], que diz: *Aplica-te com todo o cuidado à guarda do teu coração* (Pr. 4,23): para que todos os teus sentidos o guardem, porque é deles que procede a vida. Para onde vais, ó curioso, quando sais para fora de ti? Nesse ínterim, a quem te entregas? Como ousas erguer os olhos ao céu, tu que pecaste contra o céu? Olha para a terra, a fim de conheceres a ti mesmo. Ela porá sob os teus olhos a tua própria imagem, porque é terra e para a terra irás.

29. Todavia, pode-se elevar os olhos ao céu sem culpa por dois motivos: para pedir auxílio ou para oferecê-lo. Davi elevou os olhos para os montes para pedir socorro (cf. Sl 120,1); também o Senhor elevou os olhos para a multidão a fim de ajudá-la (cf. Jo 6,5). Um elevou os olhos para a sua miséria, o outro, por misericórdia, ambos sem culpa. Também tu, se, considerando o lugar, o tempo e a causa, elevas os olhos para a tua necessidade ou para a necessidade do teu irmão, não só não te condeno, mas louvo-te muito. No primeiro caso, desculpa-te a tua miséria, no segundo recomenda-o a misericórdia. Caso contrário, não te consideraria imitador do Profeta ou do Senhor, mas de Dina ou de Eva, e até do próprio Satanás.

---

8. São Bernardo ainda considerava o rei Salomão o autor de todos os livros sapienciais da Bíblia. Hoje a opinião comum dos exegetas é que tais livros não tenham sido escritos por Salomão, apesar de toda a sabedoria que lhe é atribuída.

Pois Dina, enquanto saía para apascentar os cabritos (cf. Gn 34,1-2; Ct 1,7), foi roubada de seu pai e perdeu a virgindade. Ó Dina, que necessidade tinhas de ver as mulheres estrangeiras? Que necessidade? Que utilidade? Não foi somente a curiosidade? Embora tu olhes ociosamente, não eras ociosamente olhada. Tu olhas curiosamente, mas mais curiosamente és observada. Quem acreditaria que aquela tua curiosa ociosidade, ou aquela ociosa curiosidade, depois disso não seria ociosa, mas seria perniciosa para ti, para o teu povo e para os teus inimigos?

Também tu, ó Eva, posta no paraíso para, com o marido, trabalhá-lo e guardá-lo: se cumprisses o que te foi ordenado e quando tivesses passado para uma vida melhor, onde não terias a necessidade de ocupar-te com outro trabalho, nem serias solicitada à guarda de alguma casa. Foi permitido que comesses o fruto de toda a árvore do paraíso, menos da árvore que era chamada *da ciência do bem e do mal* (Gn2,16-17). Se todos os frutos são bons e têm sabor agradável, que necessidade havia de comer o fruto da árvore que ainda tem sabor de mal? *Que ninguém tenha de si uma estima maior do que a que deve ter* (Rm 12,3).

Conhecer o mal não é saber, mas delirar. Portanto, observa o que foi mandado e espera o que foi prometido; abstém-te do que foi proibido, para não perderes o que foi concedido. Por que olhas tão atentamente a tua morte? Por que lanças teu olhar com tanta frequência para aquela vaga luz? Por que te satisfazes em olhar aquilo que não podes comer? Dir-me-ás: Estendo os olhos, não a mão. Não me é proibido olhar, mas comer. Ou não me é permitido dirigir os olhos para onde quero, se Deus me deu esse poder para meu uso? A isso responde o Apóstolo: *Tudo me é lícito, mas nem tudo convém* (1Cor 6,12). Embora olhar não seja uma culpa, todavia, é indício de culpa. Pois, se a alma se conservasse menos curiosa, tua curiosidade não teria tempo a perder. Embora olhar não seja uma culpa, todavia, é ocasião de culpa: tanto é indício de uma culpa cometida, como causa de uma nova culpa a ser cometida. Enquanto tu prestas atenção a alguma coisa, a serpente introduz-se, furtivamente, no teu coração e fala lisonjeiramente, dizendo: *De nenhum modo morrerás* (Gn 3,4). Cresce o desejo, enquanto incita a gula: aguça a curiosidade, enquanto sugere a cobiça. Por fim, oferece-te o que é proibido e te tira o que é concedido: apresenta-te o fruto e te rouba o paraíso. Tu sugas o veneno que te fará morrer e te fará gerar filhos mortais. Perece a salvação, não cessa o parto. Nascemos e morremos: por isso, nascemos para morrer, porque antes morremos para nascer. Daí deriva um pesado jugo sobre todos os teus filhos até o dia de hoje.

31. Mas também tu, selo da semelhança, não foste colocado no paraíso, mas nas delícias do paraíso de Deus (cf. Ez 28,12-13). Que mais deves desejar? Cheio de sabedoria e perfeito na beleza, *não procures o que excede a tua capacidade e não especules o que ultrapassa as tuas forças* (Eclo 3,22). Permanece em ti para não caíres abaixo de ti se andares nas grandezas e nas coisas admiráveis que estão acima de ti.

Mas, entretanto, o que olhas, obliquamente, no aquilão? Já te vejo, já te observo a perscrutar com mais curiosidade não sei que coisas acima de ti. Tu dizes: *Estabelecerei o meu trono no aquilão* (Is 14,13)[9]. Enquanto todos os outros habitantes do céu estão de pé, só tu aspiras sentar-te e perturbas a concórdia dos irmãos, a paz de toda a pátria celeste e, enquanto está em teu poder, a paz da própria Trindade. Para onde te levará, miserável, a tua curiosidade, se, com tua especial presunção, não hesitas escandalizar os outros e cometer uma injúria ao Rei? *Milhares de milhares o servem e mil milhões o assistem* (Dn 7,10), onde a ninguém é permitido sentar-se, a não ser aquele que se senta sobre o Querubim e ao qual todos os outros servem. Tu, porém, olhando não sei que coisa com um olho diferente dos outros, ao perscrutar mais curiosamente e invadindo irreverentemente, colocas para ti um trono no céu, para ser semelhante ao Altíssimo? Com que finalidade? Confiando em que? Ó estulto, mede as tuas forças, avalia a finalidade que te propões, reflete a maneira de consegui-la. Presumes que o Altíssimo sabe ou ignora o que te propões? Quer isso e não quer? Ora, como poderia querer ou ignorar qualquer mal que está tramando, se sua vontade é ótima e perfeita a sua ciência? Ou, por acaso, duvidas que ele sabe e não quer e julgas que não pode resistir? A não ser que duvides de ter sido criado por ele, não creio que duvides de sua onipotência ou de sua onímoda ciência e bondade de Criador, que pôde tirar-te do nada, que soube fazer-te como és e quis fazer-te tão grande. Portanto, como podes pensar que Deus consinta no que queres, que ele não quis que se fizesse o

9. Aquilão é o Setentrião, o Norte, e aqui indica aquilo que é mais alto do que nós e que nos domina.

que pensas e que poderia impedi-lo? Ou, talvez, devo ver que em ti e até por ti se realiza e pode ser iniciado aquilo que depois de ti e por ti costuma acontecer a teus semelhantes na terra: que um senhor generoso alimente filhos rebeldes? Ou teu olho é mau porque ele é bom? Pois, enquanto tu pões uma confiança delituosa na sua bondade, tu te tornas impudente contra a sua ciência e temerário contra seu poder.

32. Ora, é isso, ó ímpio, é isso o que pensas; esta é a iniquidade que meditas no teu leito, e dizes: Crês que o Criador quererá destruir a sua obra? De fato, sei que nenhum pensamento meu é desconhecido a Deus, afinal, ele é Deus. Nem lhe agrada esse meu pensamento, porque ele é bom. Mas nem que quisesse fugiria de sua mão, porque é poderoso. Todavia, o que devo temer? Pois, se ele é bom, não pode agradar-lhe o mal em mim, muito menos o mal em si mesmo. Na verdade, considero mal em mim querer fazer algo contra a sua vontade: mas o fato de se vingar considero mal nele. Portanto, tanto não pode querer vingar qualquer crime, como não quer, nem pode, privar-se de sua bondade.

Enganas-te, miserável, enganas a ti mesmo, não a Deus. Repito: enganas a ti mesmo, a iniquidade mente a ti, não a Deus. Certamente, ages por dolo, mas sob seu olhar. Portanto, enganas a ti mesmo, não a Deus. E por causa do grande bem que ele pôs em ti e tu inventas um grande mal contra ele, com razão, tua iniquidade despertará seu ódio. Pois existirá iniquidade maior do que o Criador ser desprezado por ti, quando mais merecia ser amado? Que iniquidade maior poderá existir do que duvidar do poder de Deus que, assim como te criou, pode também destruir-te; todavia, confiado na sua grande bondade, pela qual esperas que ele não queira vingar-se, embora o possa, com o mal retribuis o bem, com o ódio, o amor?

33. Esta iniquidade, repito, não é digna de uma ira momentânea, mas de um ódio eterno, pois, contra a sua vontade, tu desejas e esperas tornar-te igual ao teu dulcíssimo e altíssimo Senhor; todavia, tu desejas e esperas ser igual a ele, o que lhe causa dor, enquanto ele te considera um companheiro, embora não queira nem te rejeite, mesmo que o possa; na verdade, pessoalmente ele prefere sofrer do que permitir que tu pereças; de fato, se quisesse poderia rejeitar-te, mas julgas que, por causa da bondade, não poderia querer. Certamente, se ele é tal qual julgas, ages mais iniquamente se não o amas. E se ele tolera fazer, antes, algo contra si do que fazer algo contra ti, que maldade é essa que tu não o poupas, já que ele não poupa a si mesmo, poupando a ti?

Todavia, é estranho à sua perfeição que, porque é bom não seja justo: como se ele não pudesse ser bom e justo ao mesmo tempo; uma bondade justa é melhor do que uma bondade relaxada; e mesmo a virtude não é bondade sem justiça. Por isso, és ingrato à gratuita bondade de Deus, que te criou gratuitamente, e não temes a justiça que, na verdade, ainda não experimentaste; eis porque, com audácia, cometes o pecado, com o qual, sem razão, te prometes a impunidade.

Eis que logo conhecerás que é justo aquele que conheceste bom, caindo na fossa que preparaste para teu criador; e enquanto tramas contra ele um tal castigo, que ele poderia impedir se quisesse, mas, como julgas, não pode querer e, na verdade, é conveniente que não lhe falte aquela bondade pela qual experimentaste que ele não pune a ninguém. Eis porque, com muita justiça, o Deus justo fará voltar contra ti tal castigo, pois não pode nem deve permitir que sua bondade seja ofendida impunemente: assim, na verdade, mitigando a condenação na punição, para que, se quiseres arrepender-te, não te negue o perdão; mas porque não podes querê-lo por causa de tua dureza e do coração impenitente, ele também não pode faltar à punição.

34. Mas ouve a condenação: *O céu* – diz – *é o meu trono e a terra o escabelo dos meus pés* (Is 61,1; At 7,49). Não disse o Oriente ou o Ocidente, ou qualquer outra parte do céu: todo o céu é meu trono. Portanto, não podes pôr teu trono numa parte do céu, porque ele o escolheu todo para si. Também não podes pô-lo na terra, porque é o escabelo dos seus pés. Ora, a terra é um lugar sólido, ali tem sede a Igreja, fundada sobre uma pedra firme. O que farás? Banido do céu, não podes permanecer na terra. Portanto, escolhe para ti um lugar no ar, não para sentar-te, mas para voar, para que tu, que tentaste sacudir a estabilidade da eternidade, sintas o castigo da tua própria instabilidade. Por isso, enquanto flutuas entre o céu e a terra, o Senhor está sentado num trono excelso e sublime e toda a terra está cheia de sua majestade (cf. Is 6,3), para que nunca encontres para ti um lugar a não ser no ar.

35. Pois, na verdade, creio que alguns Serafins[10], sobre as asas de sua contemplação, voam do trono para o escabelo e do escabelo para o trono; que outros velam a cabeça e os pés do Senhor, postos ali para que, como um Querubim proíbe ao homem que peca o ingresso no paraíso, assim também os Serafins ponham um limite à tua curiosidade: dessa forma, já não poderás penetrar, tanto com impudência como com imprudência, os segredos do céu, nem poderás conhecer os mistérios da Igreja na terra; mas deverás contentar-te unicamente com os corações dos soberbos, que não são dignos de permanecer na terra como os outros homens, nem de voar para o céu como os Anjos. De fato, embora escondam de ti a cabeça no céu e os pés na terra, todavia, alguns te permitem ver alguma coisa somente para despertar a tua inveja. Suspenso no ar, vês os Anjos que descem para ti e sobem, mas absolutamente não sabes o que ouvem nos céus ou o que anunciam na terra.

36. Ó Lúcifer, que surgias de manhã, agora já não és portador de luz, mas da noite, ou também da morte, o teu curso regular era do Oriente ao Meio dia; e tu, invertida a ordem, tendes para o aquilão? Quanto mais te apressas para as alturas, tanto mais rapidamente te desvias para o ocaso. Todavia, ó curioso, eu também gostaria de mais curiosamente perguntar-te qual a intenção de tua curiosidade. Dizes: *Porei meu trono no aquilão*

---

10. É a este assunto que Bernardo se refere quando, em outra retratação, diz: "Sobre os Serafins expressei uma opinião que jamais tinha ouvido, nem lido em algum lugar. Mas preste atenção o leitor, porque, prudentemente, escrevi 'creio', pois não pretendia fazer outra coisa senão dar como uma opinião aquilo que, simplesmente, não podia sustentar como certo, mediante as Sagradas Escrituras".

(Is 14,13). Entendo que este aquilão não é corporal, nem este trono é material, pois és espírito. Mas creio que com o termo aquilão tenham sido designados os homens condenados e com o termo trono, o teu poder sobre eles. Tu os viste na própria presciência de Deus, porque, quanto mais próximo dele estavas tanto mais perspicaz do que os outros eras.

Tu os encontraste como num lugar vazio; na verdade, não brilhavam por nenhum raio de sabedoria, não ardiam por nenhum espírito de amor, e tu estabeleceste o domínio sobre eles, sobre os quais derramaste alguma claridade de tua astúcia e os inflamaste com os ardores de tua malícia. Para que, como o Altíssimo governava com sua sabedoria e bondade sobre todos os filhos da obediência, assim também tu foste constituído rei sobre todos os filhos da soberba e os governaste com tua astuta maldade e com tua maliciosa astúcia; assim, te tornaste semelhante ao Altíssimo.

Mas admiro-me por que, na presença de Deus, tu previste o teu principado e não previste também a tua ruína? Pois, se a previste, que loucura foi a tua que desejaste o poder com tanta miséria, que preferiste um poder na miséria a sujeitar-te na felicidade? Não te convinha participar daquelas regiões de luz, para não te tornares participante das trevas? Mas é mais crível que não previste a ruína: ou pela razão que eu expus acima, isto é, porque confiando na bondade de Deus, disseste no teu coração: *Deus não investigará* (Sl 10,13) e, por isso, ó ímpio, irritaste a Deus; ou porque, tendo visto o principado, imediatamente a trave da soberba cresceu no teu olho e, assim, não pudeste ver a ruína.

37. Assim, José, quando previu a sua exaltação (cf. Gn 37,7-9), não previu, porém, a sua venda, embora estivesse mais próximo da venda do que da exaltação. Não que eu creia que o patriarca tenha caído na soberba, mas para que, por seu exemplo, apareça claro que aqueles que preveem as coisas futuras por espírito de profecia, embora não prevejam todas as coisas, nem por isso devemos pensar que não preveem nada. Porque, se alguém objeta que nele pode-se notar alguma vaidade, pois desde jovenzinho já narrava seus sonhos, cujo mistério então ignorava, eu respondo que isso deve-se atribuir mais à ignorância do mistério e à simplicidade do menino do que à sua vaidade. Todavia, se houve alguma vaidade, pode ter sido expiada por aquilo que, conforme lemos, ele sofreu depois.

Pois, às vezes, por revelação, a alguns são anunciadas coisas alegres que, embora o espírito humano não possa sabê-las sem alguma vaidade, nem por isso deixam de acontecer exatamente como lhes foram anunciadas; todavia, que não fique impune a vaidade pela qual a alma se exaltara levemente em si mesma por causa da grandiosidade da revelação ou da promessa.

Ora, como o médico serve-se não só de unguentos, mas também do fogo e do ferro para cortar e queimar tudo o que, de supérfluo, cresceu na ferida, para não impedir a saúde que procura com o unguento, assim Deus, o médico das almas, permite tentações a essa alma, manda tribulações pelas quais, aflita e humilhada, muda a alegria em luto, julga ilusão a revelação. Assim, faz que a alma não tenha mais vaidades e não pereça a verdade da revelação. Desse modo, reprime-se o orgulho de

Paulo pelos estímulos da carne (cf. 2Cor 12,7) no exato momento em que era arrebatado por frequentes revelações. Também a infidelidade de Zacarias foi punida pela ação de esconder a língua (cf. Lc 1,20), mas não mudou a verdade do Anjo que, a seu tempo, devia se manifestar. E assim, caminham os santos em meio à glória e à ignorância, enquanto entre os dons especiais que recebem sentem pulsar em si a vaidade comum aos homens, a fim de que, enquanto pela graça percebem algo sobre si, não se esqueçam daquilo que são.

38. Mas que relação existe entre as revelações e a curiosidade? Daí, para que, talvez, eu misturasse essas coisas de modo excessivo, foi-me oferecida a ocasião de falar sobre isso, porque queria mostrar que o Anjo réprobo pôde prever, antes de sua queda, aquele domínio que teria recebido depois sobre os homens réprobos, mas não pôde prever sua própria condenação. Também de todas as outras pequenas questões, que mais acenei do que resolvi, eis a conclusão de toda essa breve discussão: o anjo caiu da verdade por sua curiosidade porque primeiro observou curiosamente aquilo que ilicitamente desejou e presuntivamente esperou.

Por isso, com razão, a curiosidade reivindica para si o primeiro degrau da soberba, pois nele encontra-se também o início de todo o pecado. E se não for prontamente reprimida, logo se cai na leveza do espírito, que é o segundo degrau da soberba.

Capítulo XI

O segundo degrau da soberba, que é a leveza do espírito

39. Ora, o monge que negligencia a si mesmo, curiosamente, olha ao redor para os outros, enquanto admira alguns como superiores e ridiculariza outros como inferiores: e, na verdade, vê nos primeiros aquilo que inveja, nos segundos, o que despreza. Daí resulta que seu ânimo, tomado levemente pela mobilidade de seus olhos e agravado pela total falta de cuidado de si, às vezes, eleva-se a coisas altas pela soberba, outras vezes, por causa da inveja, mergulha nas mais baixas: ora, pela inveja, irrita-se culposamente, ora, pela superioridade, alegra-se puerilmente. No primeiro caso, é mau, no segundo, é fútil, em ambos, mostra-se soberbo: o amor da própria superioridade faz que tanto se dói quando é superado pelo outro quanto se alegra quando supera os outros.

Estas vicissitudes do espírito ora são raras e mordazes, ora são numerosas e insensatas; ora estão cheias de irrisão, ora de lamento; na verdade, sempre indicam palavras irracionais. Compara, se queres, estes dois primeiros degraus da soberba aos dois últimos degraus da humildade, e vê que a curiosidade corresponde ao último degrau da humildade e a leveza do espírito, ao penúltimo. A mesma coisa encontrarás nos outros degraus se os comparares um ao outro.

Mas agora passemos ao terceiro degrau, para ensinar, não para descer.

Capítulo XII

O terceiro degrau da soberba, que é a alegria tola

40. É próprio dos soberbos desejar sempre as coisas alegres e evitar as tristes, segundo o que se diz: *O coração dos insensatos está onde se encontra a alegria* (Ecl 7,5). Por isso, também o monge que já desceu os dois degraus da soberba e, pela curiosidade, chegou à leveza do espírito, constata que a alegria, objeto daquilo que sempre desejou, tem frequentes tempos de tristeza, contraídos pela inveja dos bens dos outros. Então, não podendo suportar sua humilhação, foge para o conselho da falsa consolação. Por isso, retira a curiosidade da parte que mostra a sua vileza e a superioridade dos outros, a fim de transferir-se totalmente para a parte oposta; enquanto curiosamente evidencia as coisas em que ele parece sobressair, sempre dissimula aquilo em que o outro sobressai, para que, evitando aquilo que julga triste, a alegria seja contínua. Assim, acontece que, aquele que antes alternava em si alegria e tristeza, começa a ter sozinho uma alegria tola.

Porém, nesta parte, na qual ponho para ti o terceiro degrau da soberba, entenda por que sinais a percebes em ti ou no outro. Uma pessoa assim, nunca ou raramente, ouvi-la-ás gemer ou a verás chorar. Se prestares atenção, talvez julgues que perdeu a cabeça ou que se lavou das culpas. Nos gestos há obscenidade, na face, hilaridade, no caminhar aparece a vaidade. É inclinado à brincadeira, fácil e pronto ao riso. Na verdade, tendo eliminado da memória todas as coisas que em si sabia serem desprezíveis e, portanto, fonte de tristeza, juntou ou simulou diante dos olhos da mente todas as coisas boas, se alguma sentia em si, enquanto nada pensa senão o que agrada, nem presta atenção se é lícito; e já não retém o riso e não consegue dissimular a alegria tola.

É como uma bolha entumecida de ar que, perfurada com uma pequena ponta, se for comprimida, soa enquanto se desincha e o vento que sai não se espalha cá e lá, mas saindo da estreita abertura produz alguns sons estridentes. Assim é o monge, que encheu seu coração de pensamentos vãos e obscenos. Como a disciplina do silêncio não permite que o vento da vaidade saia mais plenamente, é eliminado pela estreiteza da garganta com as risadas. Muitas vezes, esconde o rosto cheio de vergonha, fecha os lábios, cerra os dentes; ri sem querer, caçoa sem vontade. E, se fecha a boca com seus punhos, ainda é ouvido espirrar pelo nariz.

Capítulo XIII

O quarto degrau da soberba, que é a ostentação

41. Mas, depois que a vaidade começar a crescer e a bolha a inchar, é necessário fazer uma abertura maior, para que o ventre seja aliviado e se lance fora a ventosidade; caso contrário, ele explode. Do mesmo modo, o monge, que superabunda da tola risada ou não consegue pô-la para fora por sinais, prorrompe nas palavras de Eliú: *Eis que meu ventre é como o mosto sem respiradouro, que faz estourar vasilhas novas* (Jó 32,19). Portanto, ou fala ou há de estourar. Afinal, ele está cheio de discursos e o espírito de seu ventre o sufoca. Tem fome e sede de ouvintes, aos quais lance suas vaidades e sobre os quais derrame tudo o que sente: aos quais dê a conhecer quem ele é e quanto vale. Mas, tendo encontrado a ocasião de falar, se o discurso cair nas Sagradas Escrituras, citar-se-ão coisas velhas e novas; as sentenças voam, ressoam palavras enfáticas. Antecipa-se a quem pergunta, responde a quem não o interroga. Ele mesmo põe o problema e ele próprio o resolve e corta a palavra do

interlocutor antes mesmo de ele expor seu pensamento. Mas quando, dado o sinal, deve-se interromper a discussão, lamenta-se que a hora do ofício é longa e o intervalo, muito breve; depois de hora, pede licença para voltar à conversa, não para edificar alguém, mas para gloriar-se de sua ciência. Poderia edificar, mas não quer edificar. Não busca instruir-te ou aprender de ti aquilo que ele não sabe: mas quer que se saiba o que ele sabe. Se depois o discurso tratar de religião, imediatamente narram-se visões e sonhos. Enfim, louva os jejuns, recomenda as vigílias, exalta sobretudo as orações sobre a paciência, sobre a humildade e sobre cada uma das virtudes com muitas palavras, mas discute de maneira muito vã, isto é, para que, se ouvires, digas que a boca fala da abundância do coração e que o homem bom tira do bom tesouro coisas boas (cf. Mt 12,35; Lc 6,45). Se o discurso passar para coisas mais recreativas, pois nestas está mais habituado, mostra-se ainda mais loquaz. Se o ouvires, dirias que sua boca é um rio de vaidade, uma torrente de obscenidades, de tal forma que faz rir e faz cair na superficialidade até os espíritos mais graves e severos. E, para resumir tudo brevemente, podes reconhecer sua ostentação nas muitas palavras. Nisto tanto tens nomeado como descrito o quarto degrau. Foge da coisa e guarda o nome.

Com essa precaução passa agora para o quinto degrau, que chamo de singularidade.

Capítulo XIV

O quinto degrau da soberba, que se chama singularidade

42. É vergonhoso alguém se gloriar de ser superior aos outros e não fazer algo a mais do que eles, para mostrar que está mais à frente do que os outros. Por isso, não lhe é suficiente aquilo que recomenda a regra comum do mosteiro ou os exemplos dos mais idosos. Todavia, não procura ser melhor, mas parecer melhor. Não age para viver melhor, mas para parecer melhor, a fim de poder dizer: *Não sou como os outros homens* (Lc 18,11). Contenta-se mais com um único jejum, que faz enquanto os outros se alimentam, do que se tivesse jejuado com eles durante sete dias. Parece-lhe mais vantajosa uma breve oração particular, do que toda a salmodia de uma noite. Durante a refeição, frequentemente, costuma lançar o olhar para as mesas, a fim de ver alguém que come menos do que ele; aflige-se e se sente vencido e, então, começa a privar-se, cruelmente, daquilo que previra necessário para seu sustento, temendo mais o prejuízo da glória do que o tormento da fome. Se observa

alguém mais magro e mais pálido do que ele, despreza-se e não se dá paz. E como, pessoalmente, não pode ver seu rosto como aparece aos que o observam, olhando as mãos e os braços, que pode ver, apalpa as costelas, tateia as coxas e os rins, para perceber a palidez e o calor do seu rosto pela menor ou maior magreza dos membros do seu corpo.

Enfim, é diligente com todas as coisas que são suas, mas preguiçoso nos deveres da comunidade. Permanece acordado na cama e dorme no coro: e, depois de ter cochilado a noite toda enquanto os outros cantavam as matinas, depois das vigílias, os outros descansavam no claustro, ele permanecia sozinho no oratório: no seu cantinho, cospe, tosse e enche de gemidos e suspiros os ouvidos dos que estão sentados lá fora.

Mas, de todas as coisas que pessoal e insensatamente faz, aumenta a sua reputação entre os espíritos mais simples que, naturalmente, julgam por aquilo que percebem; por isso, enquanto beatificam o miserável, induzem-no ao erro (cf. Is 3,12).

Capítulo XV

O sexto degrau da soberba, isto é, a arrogância

43. Crê o que ouve, louva o que faz e não se preocupa com o que se propõe. Esquece a intenção e abraça a opinião. Na verdade, em todas as outras coisas, crê mais em si do que nos outros, mas, quando se trata de si, crê mais nos outros do que em si: pois não só pela palavra, ou só pela ostentação das obras, prefere a sua religião; mas, no íntimo do coração, crê, verdadeiramente, ser mais santo do que todos. E se souber de qualquer louvor que lhe tenha sido feito, não o atribui à ignorância ou à benevolência de quem o louva, mas, arrogantemente, atribui-o a seus méritos. Por isso, com razão, a arrogância reivindica o sexto degrau, depois da singularidade. Depois dessa, encontramos a presunção, que constitui o sétimo degrau.

Capítulo XVI

O sétimo degrau da soberba, que é a presunção

44. Afinal, quem julga ser superior aos outros, como não pode estimar mais a si do que os outros? Nas reuniões toma o lugar por primeiro, nos conselhos é o primeiro a responder; intervém onde não é chamado, intromete-se mesmo que não seja o encarregado: reordena as coisas já ordenadas, refaz as já feitas. Considera malfeito e não bem ordenado tudo aquilo que não foi feito nem ordenado por ele. Julga os juízes e até julga antes dos que devem julgar. Se, chegado o tempo, não for promovido ao Priorado, julga que o Abade tem ciúmes dele ou que foi enganado. Se lhe for imposto, por obediência, um cargo de menor importância, indigna-se, desdenha, julgando coisa indigna dele ocupar-se de afazeres menores, já que se sente idôneo a encargos mais elevados.

Mas é impossível que, às vezes, não erre alguém que costuma apresentar-se para todas as coisas, mais com temeridade do que com juízo. Ora, toca ao Prelado repreender aquele que erra. Mas como pode reconhecer sua culpa quem não se sente culpado, nem tolera que possa ser considerado culpado? Por isso, quando lhe é imputada uma culpa, sua culpabilidade cresce e não diminui. Portanto, quando é repreendido, se vires que seu coração recorre a palavras de malícia, certamente, poderás saber que ele já caiu para o oitavo degrau, que consiste precisamente em desculpar-se dos pecados.

Capítulo XVII

O oitavo degrau da soberba, que é a defesa dos pecados

45. Há muitas maneiras de desculpar-se dos pecados. Pois quem se desculpa, ou diz: Não fiz isso; ou: Na verdade fiz, mas fiz bem; ou reconhece ter agido mal e diz: Não o fiz por maldade. Se o fiz por maldade, não foi com má intenção. Enfim, se está convencido de sua má intenção, comporta-se como Adão e Eva: tenta desculpar-se que foi convencido por uma sugestão alheia.

Mas quem defende seus atos com ousadia, quando estará disposto a revelar humildemente ao Abade os pensamentos ocultos e maus que brotaram no seu coração?

Capítulo XVIII

O nono degrau da soberba, que é a confissão simulada

46. Porém, embora todas essas maneiras de se desculpar sejam consideradas más, já que pela boca do profeta são chamadas palavras de malícia (cf. Sl 140,4), todavia a mentirosa e soberba confissão é mais perigosa do que a pertinaz e obstinada defesa. De fato, quando são por todos acusados de culpas conhecidas, conscientes de que, se se defenderem, ninguém acreditará neles, alguns encontram um argumento mais subtil de defesa e respondem com uma confissão mentirosa. Na verdade, está escrito: *Há quem se humilha maliciosamente, mas seu coração está cheio de dolo* (Eclo 19,23).

Mostram um rosto abatido, prosternam-se com o corpo: se conseguirem, arrancam de si algumas lágrimas, interrompem a voz com suspiros, as palavras, com gemidos. Uma pessoa assim, não só não se desculpa daquilo de que é acusada, mas ele próprio exagera a culpa, a fim de que tu, ouvindo que acrescenta por sua boca culpas impossíveis e incríveis, possas descrer também daquilo que julgavas reconhecido como verdadeiro; e, por aquilo que não duvidas ser falso enquanto confessa, duvide-se também daquilo que era considerado quase certo. Pois, enquanto afirmam o que não querem fazer crer, defendem a culpa confessando-a e a escondem revelando-a; tanto quando a confissão soa louvavelmente nos lábios quanto a iniquidade é ainda escondida no coração. Assim, quem ouve a confissão julga que ela procede mais da humildade do que da verdade e aplica-lhe as palavras da Escritura: *O justo acusa a si mesmo no princípio do discurso* (Pr. 18,17).

Pois, entre os homens, prefere-se comprometer antes a verdade à humildade; mas, diante de Deus, ambas estão comprometidas. Ou se a culpa é tão manifesta que, absolutamente, não pode ser escondida por nenhum artifício, eles assumem a palavra, não com o coração do penitente para lavar, não a culpa, mas a acusação, enquanto procuram reparar com a dignidade de uma confissão pública a ignorância de uma manifesta transgressão.

47. Coisa gloriosa é a humildade, de que a própria soberba procura cobrir-se para não envilecer! Mas essa tergiversação será logo descoberta pelo Prelado, se não se deixar dobrar facilmente por essa soberba humildade, pela qual mais dissimula a culpa, ou afasta o castigo. A fornalha prova os vasos de barro e a tribulação mostra quem são os verdadeiros penitentes. Pois quem se arrepende verdadeiramente não tem horror à dureza da penitência, mas, com a consciência tranquila, abraça pacientemente tudo o que lhe é imposto com o castigo. Mesmo que

nessa obediência se apresentem duras contrariedades, ainda que suportando algumas injúrias impostas, não descansa, para indicar que está no quarto degrau da humildade.

Porém, quem se confessa com simulação, quando interrogado sobre um leve ultraje ou uma pequena penitência, já não consegue simular a humildade nem dissimular seu disfarce. Murmura, range os dentes, irrita-se; assim, mostra que não está no quarto degrau da humildade, mas que caiu para o nono degrau da soberba e, segundo o que, corretamente, se descreveu, pode-se chamar de confissão simulada. Que confusão pensas que pode existir no coração do soberbo, quando a fraude é descoberta, a paz, perdida, a reputação, diminuída e a culpa não é lavada? Por fim, a pessoa é marcada por todos, por todos, julgada: todos se indignam com ela com maior veemência, pois descobrem que era falsa a opinião que tinham dela. Então, o Prelado deve ser menos inclinado a poupá-la, pois ofenderia mais a todos se poupasse um só.

Capítulo XIX

O décimo degrau da soberba, que é a rebelião

48. Este, se a misericórdia divina não olhar para ele – o que é muito difícil para tais orgulhosos –, de modo que calado aceite os juízos dos miseráveis, logo se torna ousado e impudente e, tanto inferiormente quanto desesperadamente, desaba para o décimo degrau, que é a rebelião: de fato, primeiro, verdadeira e arrogantemente desprezara os irmãos; agora, pela desobediência, abertamente, despreza também o mestre.

49. Contudo, deve-se saber que todos os degraus da soberba, que eu dividi em doze, podem ser reunidos em três grupos somente: para que, nos primeiros seis degraus se consume o desprezo dos irmãos, nos quatro seguintes, o desprezo do mestre e, nos dois restantes, o desprezo de Deus. Deve-se notar também que nestes dois últimos degraus da soberba, aqueles que subindo se encontram como primeiros degraus da humildade, assim como devem ser subidos fora da comunidade, da mesma forma não podem ser descidos na comunidade. Que devam ser

subidos antes de entrar na comunidade, no-lo dá a entender aquilo que, claramente, se lê no terceiro degrau da Regra, que diz: O terceiro degrau consiste em submeter-se ao superior na perfeita obediência por amor a Deus[11]. Portanto, no terceiro degrau coloca-se a sujeição que, sem dúvida, acontece quando o noviço se une à comunidade pela primeira vez; segue-se, então, que os dois degraus anteriores já foram passados.

Enfim, se um monge despreza a concórdia fraterna e o juízo do superior, o que está a fazer no mosteiro? Nada mais do que provocar escândalo?

---

11. Cf. São Bento, *Regra*, cap. VII, 34: *O terceiro degrau da humildade é aquele pelo qual alguém, com perfeita obediência, submete-se ao superior por amor a Deus, imitando o Senhor, de quem diz o Apóstolo: Fazendo-se obediente até a morte* (Fl 2,8).

Capítulo XX

O undécimo degrau da soberba, que é a liberdade de pecar

50. Por isso, depois do décimo degrau, que foi chamado de rebelião, o monge, expulso ou tendo saído do mosteiro, cai imediatamente no undécimo degrau. É então que entra nos caminhos que aos homens parecem bons (cf. Pr 16,25)[12], mas que, no fim – a menos que Deus os feche diante dele –, submergem-no nas profundezas do inferno, isto é, no desprezo de Deus. Na verdade, *depois de ter caído no abismo dos males, o ímpio tudo despreza* (Pr 18,3).

Mas o undécimo degrau pode ser chamado de liberdade de pecar, pelo qual o monge já não vê o mestre, que lhe incute temor, nem os irmãos, que lhe exigem respeito, mas se alegra em cumprir seus desejos e o faz com tanta segurança quanto mais livremente no mosteiro era proibido, tanto pelo pudor quanto pelo temor. Mas, embora já não tema os irmãos ou o Abade, todavia, ainda lhe falta, absolutamente, o temor de Deus. A razão ainda tenta, timidamente, recordar à vontade

---

12. Também São Bento cita essa passagem, quando diz que *aos homens ensinam-se caminhos que parecem corretos, mas, no fim, submergem até as profundezas do inferno*, Regra, cap. VII, 21

esse temor com murmúrios; todavia, não só sem alguma dúvida de realizar coisas ilícitas, mas como alguém que tenta passar o banco de areia pé ante pé e, assim, pouco a pouco, entrar no turbilhão dos vícios.

Capítulo XXI

O duodécimo degrau da soberba, que é o hábito de pecar

51. Ao contrário, após o terrível juízo de Deus, ao primeiro remorso segue a impunidade, a experimentada volúpia da vontade se repete e, repetida, atrai agradavelmente. Tendo despertado a concupiscência, a razão adormece, fixa-se o hábito. O miserável é arrastado para as profundezas dos males; primeiro é entregue à tirania dos vícios, de modo que, submerso no turbilhão dos desejos carnais, esquecido de sua razão e do temor divino, o insensato diz seu coração: *Deus não existe* (Sl 13,1). Indiferentemente, já usa as coisas desejadas como se fossem lícitas, o espírito, as mãos e os pés já não proíbem de pensar, fazer ou investigar coisas ilícitas; mas, tornado malévolo, maldizente e criminoso, inventa, balbucia e faz o que lhe vier ao coração, à boca e às mãos.

Enfim, como o justo, depois de ter subido todos esses degraus, corre para a vida já com o coração ardente e sem esforço por causa do contraído hábito de fazer o bem, assim o ímpio, após ter descido todos os degraus, corre intrépido para a morte; a razão, da qual fez mau uso, já não o governa, o freio do temor já não o retém. Os que estão a meio caminho esforçam-se e se angustiam: aqueles que agora se atormentam com medo do inferno ou se recordam dos antigos hábitos lutam para descer ou subir.

Somente quem está no degrau mais alto e quem está no mais baixo corre sem obstáculos e sem fadiga. Este corre para a morte, aquele para a vida; o primeiro para o alto, o segundo inclinado para baixo. A caridade torna alegre aquele, a concupiscência torna a este inclinado para baixo. O primeiro não sente cansaço porque ama, o segundo não o sente pela imbecilidade. Enfim, naquele, a perfeita caridade lança fora o temor, neste, a iniquidade é consumada. A verdade dá segurança àquele, a este, a cegueira. Portanto, o duodécimo degrau pode ser chamado de hábito de pecar, pelo qual perde-se o temor de Deus e se entra no desprezo de si.

Capítulo XXII

Agora, trata-se de como se deve rezar pelos desesperados e pelos mortos segundo a alma

52. O Apóstolo João diz: *Não digo que se reze por tal homem* (1Jo 5,16). Ou, por acaso, ó apóstolo, dizes que alguém deve desesperar? Antes, quem o ama, gema por ele. E se não ousa rezar, não deixe de chorar.

Mas o que digo? Será que não existe nenhum refúgio para a esperança, onde a oração já não encontra lugar? Ouça a mulher que crê, que espera e, todavia, não reza: *Senhor,* diz ela, *se tivesses estado aqui meu irmão não teria morrido* (Jo 11,21). Grande fé, pela qual creu que a presença do Senhor poderia livrar da morte. Mas agora, o que pode fazer? E, todavia, não duvido que aquele que poderia tê-lo conservado vivo possa ressuscitá-lo agora que está morto. Mas diz: *Agora também sei que o que pedires a Deus, Deus to concederá* (Jo 11,22). Depois, àquele que perguntou onde o puseram, respondeu: *Vem e vê* (Jo 11,34). Por que razão? Ó Marta, tu nos dás grandes provas de tua fé; mas, com tamanha fé, como desconfiar? Dizes: *Vem e vê*. Se não desesperas, por que não continuaste e não disseste: E ressuscita-o? Mas, se desesperas, por que cansar o Mestre sem razão? Ou, por acaso, às vezes a fé talvez pode obter aquilo que a oração não ousa pedir? Por fim, convidas o Senhor a não se aproximar do cadáver e dizes: *Senhor, ele já cheira mal; há quatro dias que está ali* (Jo 11,39). Dizes isso por desespero ou por fingimento? Na verdade, o próprio Senhor, depois da ressurreição, fingiu ir mais longe (cf. Lc 24,28), quando, na realidade, preferia permanecer com os discípulos[13].

Ó santas mulheres, familiares de Cristo, se amais o vosso irmão, por que não invocais sua misericórdia, de cujo poder não podeis duvidar, nem descrer de sua bondade? Elas respondem: Porque, desse modo, nós rezamos melhor quando parecemos não rezar, temos confiança mais eficaz quando confiamos parecendo desconfiar. Mostramos a fé, mostrando o afeto. E ele, a quem não é necessário que se diga alguma coisa, sabe o que desejamos. Na verdade, sabemos que ele pode tudo; mas este tão grande milagre, tão novo, tão inédito, embora tenha poder para isso, excede de muito todos os méritos de nossa humildade. Basta-nos ter dado lugar ao seu poder, ter dado ocasião à sua bondade; preferimos esperar pacientemente o que ele quer, do que impudentemente buscar o que, talvez, não queira. Por fim, o que falta aos nossos méritos, talvez, será suprido por nossa delicadeza.

De fato, vejo também as lágrimas de Pedro depois da grave queda, mas não ouço sua oração e, todavia, não duvido do perdão.

13. Evidentemente, refere-se ao episódio de Emaús, narrado por Lucas, cap. 24.

53. Aprende também da Mãe do Senhor a ter grande fé para obter milagres e manter a delicadeza numa grande fé. Aprende a embelezar a fé com a delicadeza e a reprimir a presunção. Diz ela: *Eles não têm mais vinho* (Jo 2,3). Com que brevidade e reverência ela sugeriu onde piedosamente foi solicitada! E dessa forma, para aprenderes mais a piedosamente gemer do que presuntuosamente pedir, temperando o ardor da piedade com a sombra do pudor, calou por delicadeza a fé que devia ser ouvida. Não se aproximou do Senhor com ousadia, não lhe falou abertamente para, com audácia, dizer diante de todos: Peço-te, filho, falta vinho, os convidados estão entristecidos, o esposo, confuso. Mostra o que podes. Mas, embora tivesse estas e muitas outras preocupações e falasse ardendo em caridade, todavia, a piedosa mãe dirigiu-se privadamente ao poderoso Filho, não para tentar seu poder, mas para buscar sua vontade. E diz: *Eles não têm vinho.* O que existe de mais modesto? De mais confiante? À piedade não faltou a fé; à voz, a gravidade; ao desejo, a eficácia.

Portanto, se ela, sendo mãe, esquecida de sê-lo, não ousa pedir o milagre do vinho, eu, vil escravo, para o qual é uma imensa honra ser servo do Filho e de Maria, com que coragem presumo pedir a vida depois de quatro dias?

54. Também lemos no Evangelho que dois cegos: um readquiriu a vista, o outro a recebeu; o primeiro porque a perdera (cf. Mc 10,46; Lc 18.35), o segundo porque era cego de nascença (cf. Jo 9,1). Mas, aquele que perdera a vista mereceu a admirável misericórdia por seus muitos e piedosos clamores (cf. Mc 10,47-48); porém, aquele que nasceu cego recebeu a

graça de seu iluminador ainda mais misericordiosa e admiravelmente, mesmo que não a tenha solicitado por nenhuma prece. Ao primeiro, o Senhor disse: *Tua fé te salvou* (Lc 18,42); ao segundo, porém, nada disse.

Além disso, lemos que foram ressuscitadas duas pessoas que, recentemente, havia morrido (cf. Mt 9,23; Lc 7,12) e uma terceira que morrera há quatro dias (cf. Jo 11,17). Todavia, pelas preces do pai foi ressuscitada só a filha do chefe da sinagoga, quando ainda jazia em sua casa (cf. Mt 9,23); as outras duas receberam a vida pela inesperada magnificência da bondade divina (cf. Lc 7,12; Jo 11,17).

55. Da mesma forma, se acontecer – que Deus não permita – que um dos nossos irmãos morra, não no corpo, mas na alma, enquanto ele ainda estiver entre nós, embora eu seja pecador, baterei à porta do Salvador, baterei também com as preces dos irmãos. Se ele tornar a viver, teremos ganho um irmão; mas, se não merecermos ser ouvidos e ele já não puder tolerar os vivos, ou ser por eles tolerado, mas começar a se ensoberbecer, eu fielmente começarei a gemer, mas já não rezarei com tanta confiança. Não ousarei pedir abertamente: Vem, Senhor, ressuscita o nosso morto. Todavia, com o coração suspenso, intimamente trêmulo, não cessarei de clamar: Pode ser... pode ser... pode ser que o Senhor ouça o desejo dos pobres (cf. Sl 10,17), que seu ouvido atenda a disposição do seu coração, e ainda clamarei: *Porventura farás milagres em favor dos mortos, ou os médicos os ressuscitarão e confiarão em ti?* (Sl 87,11) E sobre aquele que morreu há quatro dias, direi: *Acaso publicará alguém a tua*

misericórdia no sepulcro e a tua verdade na perdição? (Sl 87,12). Durante esse tempo, se quiser, o Senhor pode, inesperada e improvisamente, vir em nosso socorro, comovido pelas lágrimas dos que carregam o morto, não pelas suas orações, e pode restituir a vida do morto aos vivos, ou, certamente, já sepultado, poderá tornar a chamá-lo do meio dos mortos.

Porém, chamei de morto aquele que, defendendo seus pecados, já caiu para o oitavo degrau. *O louvor do morto terminou, porque ele é como se não existisse* (Eclo 17,26)). Depois do décimo degrau, porém, que é o terceiro a partir do oitavo, já é arrastado para a liberdade de pecar, pois é expulso da comunidade do mosteiro. E depois que passar para o quarto degrau, com razão, pode ser considerado morto há quatro dias e quando cai no quinto degrau é sepultado por costume.

56. Porém, não devemos cessar de orar por eles nos nossos corações, embora não ousemos fazê-lo publicamente: também Paulo chorava sobre aqueles que sabia terem morrido sem penitência (cf. 2Cor 12,21). Embora eles próprios se excluam das orações da comunidade, absolutamente não podem ser excluídos dos nossos afetos. Todavia, vejam em que grande perigo estão, se a Igreja não ousa rezar publicamente por eles, enquanto reza com confiança também pelos judeus, pelos hereges e pelos gentios. Pois, na Sexta-feira Santa, quando reza nomeadamente por todos os pecadores, não faz menção alguma dos excomungados.

57. Talvez, digas, irmão Godofredo, que eu escrevi coisas diferentes das que havias pedido e que eu te prometi, porque

parece que em lugar dos degraus da humildade eu tenha escrito sobre os degraus da soberba. A isso respondo: Não posso ensinar senão aquilo que aprendi. Não me julguei capaz de descrever as subidas, pois sei mais descer do que subir. São Bento pode ensinar-te os degraus da humildade; ele que, por primeiro os ordenou no seu coração; de minha parte, não sei propor senão a ordem da minha descida. Todavia, se nela se observa com diligência, talvez se encontre o caminho da subida. Pois, se indo a Roma encontrares um homem que vem de Roma e lhe pedires que te informe o caminho, o que poderia ele fazer de melhor senão mostrar-te a estrada pela qual veio? Enquanto ele nomeia os castelos, as vilas, as cidades, os rios e os montes pelos quais passou, não descreve apenas o seu caminho, mas preanuncia também o teu, de modo que, indo reconheças os lugares que ele percorreu vindo.

De modo semelhante, talvez, descubras os degraus da subida na nossa descida e, subindo-os, hás de lê-los melhor no teu coração do que no nosso escrito. Amém.

EDITORA VOZES LTDA.
Rua Frei Luís, 100 – Centro – Cep 25689-900 – Petrópolis, RJ
Tel.: (24) 2233-9000 – E-mail: vendas@vozes.com.br